格差病社会

日本人の心理構造

加藤諦三

大和書房

はじめに

現実の格差の大きさと、格差意識の深刻さとは関係ない。

日本に比べてアメリカのほうが現実の格差ははるかに大きいが、格差意識は少ない。日本のほうが現実の格差は小さいが、格差意識は大きい。

だからこそ現実の格差が大きいアメリカに、いま日本で使われている意味の格差社会という言葉がない。それなのに、日本では毎日、毎日「格差社会、格差社会」という言葉を聞く。

現実の経済的敗者と劣等感とは何の関係もない。

したがって日本よりはるかに「勝ち負け」のはっきりしているアメリカには、いま日本で使われている意味の「勝ち組・負け組」という言葉がない。

それなのに、日本では毎日、毎日「勝ち組・負け組」という言葉を聞く。

神経症的野心《やしん》の強いところでは、「勝ち負け」が先に立つ。興味と関心で人が動かないからである。そうなると空虚な仕事をしているお金持ちが多くなる。

経済は繁栄《はんえい》しているのに、いまの日本では人々は生きることに疲れている。生きることに疲れて夢がない。だからいくら経済的に繁栄しても、人々には経済的繁栄の実感がない。人々は毎日の生活に満足していない。格差社会、格差社会と騒ぐのは経済的に繁栄しても人々の不満が高まっているからである。

なぜこれほどまでに不満になるのか。それは誰もが楽にお金を手に入れようとするからである。そして本当に好きなものがない。

マネーゲームをするよりも鍛冶屋《かじや》でいいのに、みんなと一緒に株でもうけようとする。最近の日本の心の病《やまい》は世界最悪である。うつ病者の増加や、母親の子育てノイローゼ、幼児虐待《ぎゃくたい》の増加、ギャンブル依存症などさまざまな依存症者の増加、そして社会的ひきこもりの増加。自殺者も三万人を超えたままである。

子供のストレス性潰瘍《かいよう》の増加や不登校、家庭内暴力、いじめによる学級崩壊《ほうかい》、性行為の低年齢化など、あげていけばきりがない。

高校を卒業しても勤労意欲がない、進学もしたくないなど、ニートと言われるような人もたくさんいる。それは、いまでは八〇万人以上いるとも言われている。

ひきこもりは八〇万人から一二〇万人前後と言われている。しかし私はそうした種類の本や新聞紙上などで言われている数字よりも、本質的にはもっと数は多いと思っている。

そうした一般に言われている数字は、二〇代でインターネットで株取引をしているような人たちを数に入れていない。収入があると周囲の人はひきこもりと思わないが、彼らは心理的にはひきこもりである。

人々は家にいてもお金が入ればひきこもりでないと思っている。このように考えてしまうのは、企業の成果《せいか》主義の考え方が世の中一般に蔓延《まんえん》してきたことの怖さである。成果主義とは最後にはお金である。しかし、こうした人たちが五〇歳になったらどうなるか。非社会的になり常識を欠き、現実の社会の中では人間関係を結べない。

インターネットで株取引をしても生きていることにならない。逆に生きる命を奪ってしまっている。人は、人とふれて、お天道様のもとで自然とふれて、情緒的にも成熟する。深夜のインターネットの取引にはこれが欠落する。おそらく彼らは五〇歳になったときには心理的に廃人《はいじん》同様になる。

一般に言われている「いわゆるひきこもり」になると周囲の人は心配する。それなのに彼らはお金が入っているから家にいても大丈夫と周囲の人は思う。

家にいてインターネットでお金もうけ。これが人間らしい生活だろうか。成果主義の考え方に慣れてくるとお金が入っていれば、その人がノイローゼとはわからない。

太陽、人間、自然などとふれてお金が入ってきて仕事である。世界のマーケットを気にすれば、昼も夜もない。成果主義の中で生きるリズムを失っている。

心理的に見れば、ニートやひきこもりは一般に言われているよりも数は多い。

いま東京では「心の東京革命」という政策がとられている。それは当たり前の挨拶《あいさつ》ができない子供、公共の場で基本的なマナーが守れない子供が多いからである。

しかし、このように一般に指摘されているような現象が諸外国に比べて日本で深刻なのはなぜだろうか。戦後の日本の経済的繁栄の陰で心理的に何が起きていたのか？　それを見つめるときが来ている。

日本の若者は、社会に対して、学校に対して、職場に対して、地域に対して、世界でいちばん不満が多い。

この世界で最も不満のすごい社会の中で生じた格差なのである。

本文中に具体的な数字を示すが、ビジネスパーソンの心理状態は経済繁栄の中で急速に悪化している。

全国二一の労災病院への二〇〇五年度の相談は二万件で過去最高。二〇〇五年度の東京都の労働相談は一八〇〇件で、毎年倍々の勢い。三〇代の自殺が四六〇〇人で過去最多。上司同僚との不和もひどい状態であり、産業医の七割が社員からの自殺の相談の経験ありという。その他教員の心理状態も本文中に具体的数字を示すが、どんどん悪化している。

経済的繁栄の中でビジネスパーソンも教員も親も子供も、老若男女《ろうにゃくなんにょ》を問わず心の崩壊が進んでいる。

現実の競争の激しさと競争意識の激しさは関係ない。

競争意識がすさまじいところでは競争はあまりないということがある。それが人間の心理的防衛である。

現実の競争はアメリカのほうがすさまじいが、競争意識は日本のほうがすさまじい。

だからアメリカにはない「勝ち組・負け組」の言葉が、いまの日本に氾濫《はんらん》している。

年功序列と終身雇用は、日本人の競争意識がつくりあげた制度である。

失敗して蔑《さげす》まれ傷つくことを恐れ、成功して妬《ねた》まれることを恐れた日本人の行き着いたところが年功序列と終身雇用であった。

失敗してバカにされ、傷つくことを恐れる競争意識がなければ、企業内での前例主義も、企業間の横並びもない。

これらの企業行動は、日本人の競争意識がつくりだした同調性（周囲と同様の行動をする性向）なのである。

年功序列も終身雇用も前例主義も企業の横並びも、私たち日本人の競争意識がいかに強いかということの証明なのである。それを逆に解釈してしまったのが、一部の有力な政治家であり、一部の有名な経済学者である。

一見競争がないように見えることの裏に、強烈な競争意識がある。この単純な心理を彼らは見抜けなかった。

そしてこの、人の心を見誤った上での政策がいまの日本の政策である。そしてその政策が人々に心理的荒廃《こうはい》をもたらしたのである。

年功序列も終身雇用も企業の前例主義も企業間の横並びも企業内組合も、現実の行動としては競争からの退却である。しかしその裏には、失敗して傷つくことを恐れた競争意識がある。

したがっていまの日本に何よりも必要なのは生き方の教育とメンタルヘルス対策である。メンタルヘルスの問題が企業の健全経営の大きな阻害《そがい》要因であり、改善要素であるにもかかわらず、いまの日本では大学教育を見てもこの問題を扱っていない。

なぜここまで心を無視するのか私には理解できない。

この本では、これほどまでに「勝ち組・負け組」だの「格差社会」だのと騒がれることから見えてくる、いまの日本社会の心理状態を考えた。そして、日本の格差社会の何が問題なのかを考えた。

格差があるとか格差がないとか、データを出しあって議論をするのではない。格差があっていいとかよくないとか、格差がなければ悪平等になるとか議論をするのではない。

この本では、格差の何が問題なのかを考え、そして、それへの対策として日本のメンタルヘルスのあり方を考えた。

日本が気品のある国家になれないのは、あまりにも経済的繁栄を優先させすぎて、正面から日本社会の課題に取り組まなかったからである。

さらに、アメリカに対する信じがたいような誤解がたくさんある。たとえば家族の崩壊とか、心の無視とか。本文中に述べるが、アメリカの家族の絆《きずな》は日本とは比較にならないほど強い。離婚が多いから家族が崩壊しているという、信じがたいほどの表面的な見方なのである。

その結果、アメリカから学ばなければならない「心」を学ばず、見習ってはいけない「成果主義」を見習ってしまった。さらに、絶対見習ってはいけない子育てを見習ってしまった。

他殺より自殺を選ぶ日本人の性格がある。それなのに、自殺より他殺を選ぶアメリカをそのまま見習っては間違える。

アメリカのＡＢＣニュースに「ナイトライン」という番組がある。そこで軍隊の自殺ということを放送した。番組では、アメリカ空軍とアメリカ海軍の自殺の劇的な違いについて解説した。

アメリカ空軍では自殺者が劇的に少なくなった時期がある。それはメンタルヘルス対策を始めたときである。怖い体験をして帰還《きかん》しても、すぐにその感情を吐きださせるということをしたお陰である。

日本人は口先は別にして、心の問題にはアメリカ人と比較して関心がない。

たとえばアフガニスタンでもイラクでも、アメリカは最初に空軍の効果的な爆撃によって制空権《せいくうけん》をとってから地上部隊が入っていく。

日本の報道を見ているとアメリカ空軍の技術力にばかり注目しているようである。

しかし、アメリカ空軍のあの強さの背景にあるメンタルヘルス対策についてはまったく注意が注《そそ》がれていない。

また、アメリカを代表する企業ＩＢＭの従業員援助プログラム（Employee assistance programs）にはまず何と書いてあるか。「私たちは肉体的健康と同じように感情的健康（emotional well－being）が重要であると考える」とある。

私が言いたいのは、彼らは肉体的健康と心理的健康を分けて考えていないということである。

ジョンソン・エンド・ジョンソンは健康管理の世界のリーダーとして従業員の健康に取り組むとして、総合的プログラムは従業員の職場と家庭での個人をサポートすると述べている。

また、それぞれの地域に根ざした特別のプログラムを提供するが、いずれにせよ、よく生きることとよく働くこと、そしてよく存在することを考えていると述べている。働くこと「work well」の前に「live well」が来ている。最後は「be well」になる。

もちろんこれらはそれぞれの会社が言っていることで、どれだけ実行されているかは別である。私が言いたいのは、考え方として家庭や個人の生活が企業のメンタルヘルス対策に入っているということである。日本は家族を選ぶか、仕事を選ぶかという考え方をする。

この本は、心理学者の見た日本政治経済論である。

少し前までの日本の社会では、経済成長と社会の心理的安定とは必ずしも相反するものではなかった。

しかし、いまや社会病理と経済成長の二つのバランスを考えることが最も重要な課題になった。

いまでは時に経済成長が社会病理を促進することがある。経済的に考えてどれほど正しくてもそれを実行してはいけないことがある。

象徴的な言い方をすれば、一九七〇年代までは政治家が日本を変えられた。いまは幼稚園の先生。

いまの日本の社会病理の深刻化は、経済成長で解決できるわけではない。

いまの日本には多くの人々が納得できない格差がたくさんある。

しかし、その不合理な格差の中には経済政策によって解決可能なものもたくさんある。税制とか社会保障制度などの所得の再配分によって解決できるものがある。あるいは新しく法律をつくることで解決できる格差もある。

それに対していまのままで、いかに経済成長を続けても解決できない問題がある。セイフティーネットをつくったからといって解決できない問題がある。

この本で「格差病社会」と言っているのは、まず第一にそうした経済成長によっては解決できない問題が山積している社会のことである。あるいは経済的繁栄によってむしろ社会病理が促進されているような社会である。

人々は格差社会と言われる社会の中で、勝ち組になろうと無理をする、負け組になることを恐れて無理をする。そうして心理的に病《や》んでいく。この本ではこのような社会を格差病社会と呼ぶ。

第二には複合的な社会システム全体としては失敗していると思われる社会である。

個々の失敗と全体としての失敗は異なる。いまの日本は経済を見ればわかるように、個々の事柄については成功しているが、複合的な社会システム全体としては失敗していると思われる。

自由競争において格差があることは別に不思議ではない。個人や企業の努力によって決まる格差を否定するなら自由主義経済社会は成り立たない。

もちろん遺産、親の所得などによって生じる不合理な格差がある。しかしこの格差も所得の再分配政策がうまくいけば解決はできる。

現実には機会の均等の実現は困難なので再分配政策はどの時代にも必要な政策である。問題は所得の再配分によっても解決できない問題である。この本ではそのような問題をたくさん抱えた社会を格差病社会と呼ぶ。

たとえば経済は栄えていても社会の成員は決して幸せとは言えない社会。つまり個々の部分を見ていけば成功しているが、全体として見れば失敗しているのではないかという社会である。

第三に、財産と威信《いしん》と権力と人柄とが不一致な社会である。

格差そのものは悪いことではない。自由主義競争社会では格差は生まれる。努力する人と、怠《なま》けている人では格差は生じる。

毎晩酒を飲んでいる人と健康に気をつかっている人では一〇年経てば健康の差はできる。

それにもかかわらず格差が、社会が病んでいることの象徴となるような社会を格差病社会と呼ぶ。

お金持ちでも人柄が悪い。権力を持っていても品がない。財産と威信と権力が品位や教養や人柄と不一致な社会である。

財産のある人が必ずしも社会的に多大な貢献をしている人ではない。食べるものをつくるわけではない。病人を助けるわけでもない。お金のやりとりだけで「むちゃくちゃに、もうけた」と胸を張り、「お金をもうけることのどこが悪い」と居直っている。そんなお金持ちの多い社会である。そうした社会では格差が人々を傷つける。

第四に、この本は不合理な格差がどの程度あるのかないのかというようなことを問題にしているのではない。人々が格差という言葉に社会のリアリティーを感じているような社会を、格差病社会と呼ぶ。

人々が格差という言葉に社会のリアリティーを感じていなければ、これほど格差社会、格差社会という言葉が蔓延《まんえん》しない。

第五に、過剰競争意識によって社会内に敵意が増大し心の病が増加している社会である。「文化の強調することが変わるにつれて、種々の病気の発生率もそれに対応して変わっていく」と臨床《りんしょう》心理学者のロロ・メイは述べているが、当然である。

心の病の増大と、いまの文化が強調する成果主義などが深く関係していることを否定することはできない。

いま日本で騒がれている格差社会という言葉は、本来「格差病社会」とか神経症的格差社会と言わなければならないものなのである。

自殺者が三万人を超えたとき、みんなは経済不況のためだと言った。しかし経済が回復しても自殺者が三万人を超えたままである。自殺者の増加は「経済不況のためだ」と言った人は、言ったことを忘れているかのようである。

自殺者が三万人を超えたとき、私はコミュニケーションの希薄さが基本的な原因であると主張したが、あまり耳を傾けてもらえなかった。

いまの日本には、心を無視した問題解決が氾濫する。したがって解決策が解決にならない。その典型が少子化対策である。これだけ少子化対策が失敗していても、まだ基本的な発想の間違いに気がついていない。

日本の危機は自然災害とか、金融危機とか外国の侵略だけではない。

わが国は経済を発展させようとして無理をする。その結果、人々は心の底に日々じわじわとストレスを溜《た》めていく。それが真の危機である。

国の危機は、よく政治的危機や経済的危機として叫ばれているが、それは真の危機ではない。真の危機に気がつくべき立場にある政治家や経済学者は、日本の真の危機に気がついていない。

心を軽んじる国は、一時は栄えてもいつか必ず滅《ほろ》びる。

いまの日本は、幸せの価値を知らなくて生きているコンプレックス集団のようになってしまった。

「なぜ日本はここまでストレスに満ちた社会なのか？」ということは諸外国にとっても疑問のようである。

フィリピンのテレビ局「ニュースアジア」が日本の過労死は理解できないと取材に来た。また、イギリスの新聞「ガーディアン」も、「なぜストレスが日本では大問題になったのか？」と取材に来た。

たしかにネット心中だとか、ひきこもりだとか、過労死だとか、諸外国にはなかなか理解できないことが日本にはたくさんある。

加藤諦三《かとうたいぞう》

◉目次

第二章　ラブ・ミー・リターン

第三章　損得優先

格差病社会

——日本人の心理構造

第一章　過剰競争意識

競争は人にどのような影響を及ぼすか

創造性も競争も望ましい。

しかし、人を創造的にするためにはつまらない競争はやめることである。競争は人を非創造的にし、同調性を促《うなが》す傾向がある。

これは、少し考えれば誰でも理解できるであろう。

たとえば出世競争。会社で出世競争をしているビジネスパーソンを考えてみよう。彼が過剰《かじょう》な競争意識を持っていれば失敗の危険は冒《おか》さない。

会社で認められている前例にしたがって行動しているに決まっている。

たとえば、恥《は》ずかしがり屋の心理的特徴の一つは失敗を恐れることである。

恥ずかしがり屋の研究者であるスタンフォード大学教授のジンバルドーは、恥ずかしがり屋の人は四つの社会的恐怖を持つという。その中の一つは、失敗を恐れるということである。

競争というのは、人に同じような影響を与えるわけではない。競争ということの影響は、アメリカ人と日本人と同じではない。

競争は恥ずかしがり屋の人により大きな影響を与える。

競争は恥ずかしがり屋の人にものすごい不安を与える。

入学試験を考えればもっとよく理解できるであろう。「こんなにくだらない受験勉強」と思っても過剰な競争意識があれば、その受験勉強の仕方を踏みはずさない。「英語の入試問題がくだらない」と思っていても、その入試の試験問題ができるように勉強する。

入試や会社での出世競争ばかりではない。

大学という職場でも同じことである。創造的な仕事をしようと思ったら、出世競争を諦《あきら》めなければならない場合も、時には出てくる。

たとえば助手がいる。彼はどうしてもこれを研究したいというテーマを持っていたとする。しかしそのテーマを研究して、成果《せいか》が出るまでには時間がかかる。また成果が出るかどうかもわからない。

彼が早く講師になりたければ、すぐに成果の出る研究テーマを選ぶであろう。しかも最も認められる方法で研究するであろう。

評論家のアルフィー・コーンという人の書いた“No Contest”という本がある。競争社会を批判した本である。そこに競争と創造性の関係が論じられている。彼はいくつかの調査の結果、競争は創造性をダメにするということを主張している。そして、競争は同調性を促すとも主張している（Alfie Kohn "No Contest" Houghton Mifflin 1992 P.130)。

日本の会社が前例主義、横並びになるのは、実は競争をしているからである。同調性は競争の結果である。

より正確に言えば、過剰な競争意識の結果である。競争社会で失敗を恐れていれば、リスクはとらないし、前例主義になる。

「日本の社会は競争がない」というのは、行動を見て心を見ない、間違った考え方である。競争があるから敗者になることを恐れて、みんなが同じになっていってしまうのである。

競争社会だからこそみんなが「寄らば大樹《たいじゅ》の陰」と大会社に就職しようとするのである。競争社会であるが、みんなが安全を求めているということである。

「大企業従業員症候群」

競争とか成果主義というものが、日本人とアメリカ人に同じように機能すると錯覚《さっかく》した有力な政治家や有名な経済学者がいる。

競争意識という点ではアメリカ社会よりも日本社会のほうが強い。

「はじめに」にも書いたように、日本はアメリカに比べて現実の競争は激しくないが、競争意識は激しい。

日本の社会一般に高齢者を敬《うやま》う気持ちがあるとは思えない。アメリカのほうが社会一般には高齢者を敬う気持ちはある気がする。

先の本には権威に対する態度が競争社会では大切だと述べている。会社でも、学校でも、もし競争に勝とうとすれば、権威には逆《さか》らわない。

先輩を立てる動機は何かということを考慮《こうりょ》に入れないで議論するから、まるで年功序列が競争社会ではないかのように言う人が出てくるのである。行動を見て、心を見ない。

行動は見えるが動機は見えない。見えないものがないわけではない。

もちろん現実の行動の動機は一つではない。複数の動機が絡《から》みあっている。

日本はアメリカなどよりも競争意識が強いから結果として年功序列、終身雇用になっていたのである。競争意識が強くて、傷つくことを恐れた結果が年功序列、終身雇用なのである。

アメリカ人のほうが失敗することで傷つくことを恐れていないし、競争意識が激しくないから、現実の世界では競争が激しくなった。

パーソナリティーとして言えば、アメリカ人のほうが恥ずかしがり屋ではない。

現実の世界で競争が激しいと、競争意識が激しいと思うのは、あまりにも人間の心を見なさすぎる。

競争意識が強いということは、傷つきやすいということである。競争意識が強いから現実の世界では、競争から撤退するということは起きる。

アメリカのほうが現実の競争は激しい。しかし日本のほうが競争意識は激しい。

この二つの違った国で同じように成果主義を取り入れれば、その弊害《へいがい》はどちらが大きいかは明らかである。

アメリカで年功序列と終身雇用になれば、それは「競争の制限」と解釈してよい。しかし日本で年功序列と終身雇用となれば、それは競争の制限ではなく「競争からの撤退」である。

力ずくで成果主義を取り入れれば、日本社会では傷つく人が大量に出てくる。

神経症的競争とは何かということは後で説明をするが、神経症的競争意識の核は恐れである。成功すると妬《ねた》まれる。失敗すると蔑《さげす》まれる。

その恐れから自分たちを防衛するために考えられたのが、年功序列と終身雇用という

「競争からの撤退」である。

年功序列と終身雇用をなくす方向に動いても、いまの日本で肝心の神経症的競争意識がなくなったわけではない。

なぜ日本の企業に年功序列と終身雇用が根づいたかという原因を考えないで、年功序列と終身雇用の弊害のみが語られ、成果主義が取り入れられた結果、ビジネスパーソンの心はすさんだのである。

経営者の心もすさんだから、次から次へと大企業の不祥事《ふしょうじ》が出てくる。次から次へ伝統的な名門企業が不祥事を起こす。

競争からの撤退と、競争意識がなくなるということとはまったく別である。競争から撤退しても競争意識は残っている。

競争意識は、抑えることができても消えることはない。抑えられた競争意識はその人の行動に大きな影響を与えている。

むしろ競争意識が強すぎるので、人はその弊害から自分たちを守るために競争から撤退をする。

妬みは破壊的な欲求である。企業における年功序列は、神経症的競争意識が生んだものであろう。ある年齢が来れば昇進できる。失敗の恐れも少ない。

また成功しても妬まれない、年齢だから。つまり成功の恐れを和《やわ》らげてくれる。

年齢にしたがって地位が上昇するから、失敗の恐れも、成功の恐れも和らげてくれる。

終身雇用というものがビジネスパーソンに安心感を与えてくれる。

企業内組合も同じ。決定的な対立を恐れる。和を重んじるということは、別の表現をすれば、そのような価値観を主張することで対立の恐怖を取り除いている。

これからの日本はこの二つの制度がなくなる方向にあることで、さらに不安が増大するに違いない。ビジネスパーソンにとって、ストレスの原因として技術革新や国際化と並んでこの心理的問題がある。日本は心理的にはますますストレス社会となる。

その結果、競争社会に参加することを拒否して、ひきこもる人がたくさん出てきて不思議ではない。うつ病の増加も、過労死の増加も、ワーカホリックをはじめさまざまな依存症の増加も、ひきこもりの増加も、ニートの増加も、決して不思議ではない。

財団法人社会経済生産性本部が発表した「産業人メンタルヘルス白書」（平成一四年八月二三日）を見ると、多くの人がこれからの日本社会では心の病《やまい》が増加すると思っているし、現実に増加している。

この白書はうつ病を「大企業従業員症候群」と言えると述べている。

つまり、いまの日本にとって何よりも大切なのは生き方の教育とメンタルヘルス対策である。

勝ち負けに巻きこまれないために

「はじめに」にも書いたように「勝ち組・負け組」という言葉は、現実の競争の激しさや、現実の勝ち負けから生まれた言葉ではなく、日本人の競争意識の激しさが生みだした言葉である。

とにかく人を「勝ち組・負け組」と分けるばかりでなく、地域まで「勝ち組・負け組」という呼び方をする。

アメリカのほうが格差は大きいが、日本のほうが格差意識は強い。したがってアメリカ人よりも日本人にとって格差は深刻な問題である。もちろん人は客観的な事実の中で暮らしているのではなく、心理的な事実の中で暮らしているのだから不思議がることもないかもしれない。

さて、競争と創造性の関係に戻る。競争して勝とうと思えば、恥ずかしがり屋の人は危険を冒さない。過剰な競争意識を持っている人は危険を冒さない。

出版社がお互いに競争しているとする。すると出版社は売れるか売れないかわからない未知の若い著者に本を書かせることを躊躇《ちゅうちょ》する。この著者なら売れるという著者に書いてもらおうとする。

書く側からすれば、売れるものを書かなければ出版してもらえないということになる。そうすると著者の側も冒険はしなくなる。お互いに危険は冒さない。

著者は「こんなくだらない本は書きたくない」という本を書き、出版社は「こんなくだらない本は出したくない」という本を出版する。

視聴率競争をしているテレビ局を考えてみればわかる。番組はどんどん低俗になっていく。新聞も同じである。誇大《こだい》報道でスキャンダリズムに陥《おちい》っていく。

「悪貨は良貨を駆逐《くちく》する」ということが、競争と創造性の関係の一面をあらわしている。ところで自由主義競争社会で政治の最も重要な役割は、この「悪貨は良貨を駆逐する」という流れを規制することなのである。

規制緩和には前提条件がある。それは「悪貨は良貨を駆逐する」という流れを促進しないということである。

ついでに言っておくが、日本に構造改革を要求するアメリカの政治家たちが、自由主義競争社会の抱える「不安と敵意」という基本的な問題を提起している精神分析学者のエーリッヒ・フロムやカレン・ホルナイ（『神経症と人間の成長』『自己分析』などの著書がある）をはじめ、アルフレート・アドラー（アドラー心理学を創始）やロロ・メイなどの考えを理解しているとはとうてい思えない。

ただ出世した人を羨《うらや》むことはない。もし出世した人が、「悪貨は良貨を駆逐する」という法則で出世したのなら、死ぬ前に必ずつけは払わされる。死ぬ前の苦しみは想像を絶するものであるに違いない。

交際費で高価なものを食べている人を見て、羨むことはない。妬んだりしないで「私のほうはきちんとお金を払って食べている」と思って、出世した人を見ていればいいのである。もちろん出世した人の中にも、その時々できちんとレストランで自分のお金を払って食事を食べている人もいるだろう。

ところで創造的であるために、人はどうすればいいか。理屈は簡単なことだけれども、実行はかなりむずかしい。

つまり、あまり人から認めてもらおうと努力しないことである。努力の方向を変えることが創造的になるコツである。

もちろん周囲の人から認められながら、自分の好きな創造的な仕事ができる恵まれた人もいるだろう。だが、人から認められることを最優先しては創造性を花開かせることはできない。

創造性とは人が認めてくれなくても、認めてくれてもいい、とにかく自分の頭で考え、自分の方法で仕事をしていくことなのである。

逆境を「ありがたい」と思うくらいの気持ちがなければ、創造的な人間にはならない。

会社で左遷《させん》されたり、冷《ひ》や飯《めし》食いの立場になったら、ひねくれないで、自分の頭で考えようとすればいい。会社の前例にしたがった方法ではなく、自分の方法で自分の仕事ができないかと考えるのである。この逆境こそ自分の幸せを呼ぶ環境だと思えばいい。

決して出世ルートを走っている人を妬んではいけない。彼らは彼らの生き方でいいのである。自分の創造性を楽しもうと考えるときには、「他人は関係ない」。

創造性を殺すもの

創造性を殺すのは恐怖心である。もし失敗したらという恐怖心、もし負けたらという恐怖心、それらが人を同調へと駆り立てる。

人と同じことをしていることが安全である。それらの恐怖を持っていれば、人から承認してもらおうと必死になる。

人から承認してもらおうと必死になれば、相手の期待にそうことしか考えなくなる。親が子供に過大な期待をかけるとき、子供は創造的でなくなる。

子供に過大な期待をかける親は、だいたいにおいて心に葛藤《かっとう》を持っている。その上そういう親の子供はもともと愛情に飢《う》えている。親の期待にそい、親から認められて、愛情を手に入れようとする。

この過程で子供の創造性の芽は摘《つ》まれてしまう。

この過程はビジネスパーソンでも同じである。

創造的なことが、文化の中心部分からではなく周辺から起きる理由の一つには、周辺部分には競争がないからである。

成果主義と創造性を両立する前提は自我の確立である。

教育全体の目的が産業にとって有為《ゆうい》な人材を育成するという場合に、この二つの両立はない。

そもそも日本では最も大切な教育そのものの視点が間違っている。

だから教養のための教育は日本では成功しない。大学では教養教育が失敗した。それは日本が経済を唯一《ゆいいつ》の基準とする国だったことをあらわしている。

国も国民も経済の効率化、経営の合理化だけを求めた。それを目的として国が動いてきたので、経済成長には役に立たない教養にはホンネではお金を使わない。教養は本来経済的効率とは無縁のものである。

いままでの日本では、人々は教育にお金を使った。教育費は家庭にとって大変な負担である。

そのお金のかかる教育は「格差社会の中でどう生きるか」を考えさせない。

みんないい学校に行こうとするから、教育にお金がかかるが、そのいい学校では「あなたのお店にお客さんが来なくなったら、どうすればいいか？」を考えさせない。

ではなぜそのように高い負担を自ら背負うのか？　それは、使ったお金がリターンするからである。広い意味で元が取れるから教育にお金を使ったのである。

ところで、いま少年院は過剰収容に陥っているところがある。非行に走り更生《こうせい》を誓《ちか》う場所である少年院が過剰収容になっている。当然のことながら過剰な収容人員の及ぼす影響は計り知れない。

まず何よりも職員のやる気を失わせる可能性がある。適切な再教育がむずかしい。

少年院の数が十分ではなくて、何が世界第二位の経済大国であろうか。

電通総研など各国研究機関が実施する「世界価値観調査」では「自分が幸せと思う人」の比率は日本は二九位である（「幸せ大国をめざして」二〇〇五年四月三日付朝日新聞朝刊）。

世界第二位の経済大国が、世界第一位の不幸大国にならないことを願うばかりである。

二〇〇六年六月二六日の日本経済新聞社の調査である。見出しは「心の健康状態『悪い』三七パーセント」。三七パーセントという数字よりも注目したいのは、勤務先のメンタルヘルス問題が三年前に比べて悪化したか、改善されたかの質問に対する答えである。「悪化した」が「改善された」のほぼ倍になっている。しかし、多くの会社はメンタルヘルス対策を以前よりも実行しているはずである。

財団法人社会経済生産性本部メンタルヘルス研究所の二〇〇六年四月に実施した全国の上場企業二一五〇社の調査結果を見ると、この三年間に「心の病」が増加傾向と回答している企業が確実に増えている。

二〇〇二年「四八・九パーセント」──→二〇〇四年「五八・二パーセント」──→二〇〇

六年「六一・九パーセント」である。

心の病による一ヵ月以上の休職者も確実に増えている。二〇〇二年「五八・五パーセント」→二〇〇四年「六六・八パーセント」→二〇〇六年「七四・八パーセント」である。

メンタルヘルス対策に力を入れる企業は確実に増えている。二〇〇二年「三三・三パーセント」→二〇〇四年「四六・三パーセント」→二〇〇六年「五九・二パーセント」である。

メンタルヘルス対策を以前よりも講じながらも、ビジネスパーソンのメンタルヘルスは以前より悪化している。心理的に見れば、働く環境は以前より悪化していると考えるのが自然である。ところが、この日の同紙の一面トップは大きく「堅実景気 内需軸に息長く」である。

いまの日本は、心の健康と経済の景気が反対の方向に走っている。心の健康を犠牲にしながらの景気回復なのである。

また二〇〇四年の国民健康・栄養調査がまとまった結果を読売新聞が掲載している（二〇〇六年七月九日朝刊）。そこに朝食抜きの人が増加しているという記事が載っている。

ついで七月一四日の同紙夕刊に、子供の肥満対策の記事が載っている。睡眠時間が短いと肥満になりやすいという。そして「子どもの就寝時間は年々遅くなっている。日本小児保健協会の調査によると、夜一〇時以降に就寝する五歳～六歳児は、一九八〇年に一〇パーセントだったが、一九九〇年は一七パーセント、二〇〇〇年は四〇パーセントに達した。これは睡眠時間が減ったことを意味する」と書いている。

なんでもないように思える調査結果と記事であるが、案外重要な内容である。朝食を抜くと何が問題なのかという医学的な説明が同紙には載っているが、私はそれとは違った意味で朝食抜きを重く見る。

それは人間が生きるということについてリズムというのが大切だからである。と言うよりも、生きるということがリズムなのである。そのリズムが失われてきている。

『メランコリー』という名著を書いたドイツの精神病理学者テレンバッハは「昼とひとつになり夜とひとつになって、人間も昼を生き夜を生きるのである。人間はそれ自身、こういったリズムをもった存在なのである」(Hubertus Tellenbach “MELANCHOLIE” Springer-Verlag 1961『メランコリー』木村敏訳、みすず書房　一九七八年　五八頁)と述べている。

テレンバッハはメランコリーが深くなるにつれて、日内リズムが平坦化してしまうと言う。

つまり、朝食を抜く人の増加とうつ病の増加とは無関係とは言いきれない。リズムを失って人々はメランコリーになっていく。

先の読売新聞朝刊によると、二〇代男性では一九七七年には朝食抜きが二〇パーセントであったが、二〇〇四年の調査では三四パーセントまで増加している。一・七倍である。

自然のリズムを失って生きている人が増加している社会がまともな社会とはどうしても思えない。経済的にはどんどん繁栄《はんえい》し、社会はどんどん歪《ゆが》んでいき、人の心はどんどん病《や》んでいく。

いま必要なのは経済的価値とは何かということを人間の中でしっかりと位置づけることである。

興味で動かなくなった日本人

成果主義に望ましいところが多々あるのはもちろんである。しかし成果主義、成果主義と騒ぐほど、成果主義がすべていいわけではない。成果主義は「魔法の杖《つえ》」ではない。競争がすべて望ましいというわけではない。何ごとにもメリットとデメリットはある。

競争が激化すると、関わっていることの対象に対する興味を失ってくる。

たとえば競争相手がいて、その人に勝とうとする。

大学院にいて、自分が助手になろうとする。すると自分のしている分野で早く業績をあらわさなければならない。自分の興味に任せて研究をしているわけにはいかない。早く学界の認める業績をあらわさなければならない。

これは会社の研究所でも同じである。早く課長になろうとすれば、自分の興味にしたがって研究をしているわけにはいかない。早く会社の利益に結びつく業績をあらわさなければならない。

自分の興味にしたがってあっちに飛び、こっちに飛んでいたのでは、研究はなかなかまとまらない。また、すぐに業績の出せる分野と、なかなか業績を出せない分野がある。競争に勝ちたければ、すぐに業績の出せる分野の研究に従事するのがいい。

受験勉強だって同じである。受かるためには自分の興味にしたがって世界史の中世だけを勉強していては、合格できない。

もっとも、日本に比べてそれをしていてもいいのがアメリカの高校である。そこがアメリカの大学受験のいいところである。アメリカでは、もし自分が高校時代に中世に関心があり、それればかり勉強していたのなら、それを志望大学に示せばいい。興味という点から言えば、アメリカの大学受験のほうが優《すぐ》れている。自分はこんなに中世の勉強をしたということを入学許可の委員会に示せばいい。

話を戻すと、研究所では自分の興味にしたがって研究をしていたのでは必ずしも利益に結びつく業績に直結しない。そこで競争があると、興味を追求することから業績をあげることのほうに努力の焦点《しょうてん》が移行してしまう。

学校の成績だって同じことである。自分が精神分析に関心があれば、フロイドに行ったり、カレン・ホルナイに行ったり、それがフロイデンバーガー（『燃えつき症候群』などの著書がある）に行ったりと、焦点が定まらないまま、読みあさることもある。しかし、それではいい成績につながらない。

実は勉強とか、研究とかいうものは、自分の興味に任せてしているうちにいつしか、ふとしたきっかけでまとまるのである。それが業績になる。

長い期間の努力とひらめきである。しかし、それは競争している状態では無理である。競争意識が興味に勝つからである。

競争意識が興味に勝てば、その世界で認められている方法論に頼りだす。自分の興味にしたがって、自分の興味の対象を研究していく方法を見つける手間ひまを考える時間と、エネルギーはない。

その世界の伝統的な方法論にしたがい、その世界で研究の価値があるとされているものの研究にエネルギーは注《そそ》がれていく。

そして、好きな勉強がやがてつらい仕事に変わっていく。学生のころ勉強が好きだったのに、教授になったときには勉強が好きでなくなっているなどということも起きる。

すると、教授になってから仕事らしい仕事をしなくなる。教授になったときには燃えつきているのである。

それは会社の仕事でも同じであろう。新聞記者が記事を書く。自分が興味のあることを、自分が納得するまで取材をして書いているうちに、同僚の記者のほうがたくさん記事を書く結果になる。

出世するためには、記事になるような取材をしなければならなくなる。興味のある対象を取材することが必ずしも記事になるわけではない。デスクになったころには記事を書けない人も出てくる。

また競争社会であれば、真実の報道よりも、いかにセンセーショナルに書くかが大切な問題となる。中には早く出世したくて新聞記者の本分《ほんぶん》とはまるで逆の、人を誹謗中傷《ひぼうちゅうしょう》する嘘《うそ》の記事しか書けなくなる人もいる。それでも社内で出世したいのである。

出版でも同じである。自分の納得のいく編集をする。時間をかけて編集をする。自分が興味のある企画を立てる。必ずしも売れる企画ではない。すると、売れる企画を立てた編集者が出世していく。

競争意識が強ければ、自分が興味のある企画よりも、売れる企画を立てようとする。そして自分が納得する編集よりも、売れるように編集をする。

そうしているうちに、次第に編集そのものに興味を失っていく。編集そのものに興味を失えば、社内で出世の階段を上がることのほうに時間とエネルギーを費やすことになる。

競争は人の興味を奪う可能性も秘めている。競争意識の強い人は、最後までいい仕事を続けることはできないことが多い。

はじめに興味を持っていても、過剰な競争意識はその興味を奪っていく。はじめから興味のない人の場合には、もっと酷《ひど》いことになる。

この心理状態では勝ったか、負けたかに関心がいく。お互いの格差に人々の関心がいく。だから「勝ち組・負け組」という言葉の氾濫《はんらん》になり、格差社会という言葉に心が左右される。

私が言いたいのは、このような状態から見えてくることは、私たち日本人がますます興味で動かなくなる傾向にあるということである。

その傾向を促進するのが成果主義ではないかということである。

もし勝ち組と言われている人々が本当に社会のために働いて、その結果の勝ち組なら、人々は「勝ち組・負け組」という言葉を使わないだろう。

彼らは社会のために働いているのではなく、「自分が酷く劣等に思えるので、名声や富や力がなくては人生は耐えがたいと言う連中なのだ」（ベラン・ウルフ『どうしたら幸福になれるか・上』周郷博訳、岩波書店　一九六〇年　一八三頁）と考えるのは考えすぎだろうか。

第五章でもふれるが、勝ったことがカレン・ホルナイの言う「復讐《ふくしゅう》的勝利」なのである。

多くの人々は勝った人に納得していない。「勝ち組・負け組」の格差に納得していない。

もし格差に納得していれば、こんなに格差、格差と騒がない。格差があるから格差、格差と騒ぐのではない。格差社会がけしからんと多くの人が思うのは、多くの人が格差に納得しないで不快だからである。

不公平感がなくならない

格差そのものが問題なのではなく、人々がいまの格差に納得していないのが、問題なのである。

問題なのは格差感というよりも不公平感なのである。人にとってつらいのは、「持っていないこと」ではなく、不公平だと感じることである。

給料が低いということが苦しいのではなく、同僚に比べて自分の給料が不当に低いということがより苦しいのである。

貧しいというなら第二次世界大戦後の日本は、いまでは考えられないくらい貧しかった。食べるものがなくて飢え死にしていく人が路上にいた。

どんなに社会全体として経済的に豊かになっても不公平感を持っていれば、人は不幸になる。

格差があるから人々は不愉快なのではなく、納得できない格差だからみんなが不愉快なのである。

イギリスの最も著名な経済学者の一人であるリチャード・レイヤードが、アメリカでは五〇年間に経済的には二倍になったが、人々は幸せになっていないという調査結果を幸福

について の著作 "Happiness" (The Penguin Press 2005) の中で書いている。彼は日本も同じだろうと言うが、私は、日本は経済的に豊かになって、逆に不幸になったと思っている。レイヤードは、社会全体が経済的に豊かになっても、人々は幸せになっていないと言う(前掲書)。

アメリカでは、経済的に上位四分の一の人の中で「ベリー・ハッピー」と言う人が四五パーセントであり、経済的に下位四分の一の人で「ベリー・ハッピー」と言う人が三三パーセントである。この数字はこの三〇年間ほとんど変わっていない(前掲書)。どんなに貧しくてもベリー・ハッピーな人が三三パーセントもいる。アメリカは、私の言う格差病社会ではない。

この本の中の表を見ると、一九四五年から二〇〇〇年までアメリカでは全体として見ても「ベリー・ハッピー」と言う人のパーセンテージはほとんど変わっていない。しかし一人当たりの所得は約三倍になっている。

社会全体が経済的に豊かになっても人々の幸福感は変わらないが、自分の所得が人よりも増えれば幸せになるという。レイヤードは「少なくとも西欧では」(前掲書)と述べている。

このことはどういうことをあらわしているのだろうか。私は人々が自分の本当の目的がわからなくなっているということではないかと思う。

自分が八〇点でも、他の人が九〇点だと喜ばない。

本当の目的がない人は、たとえ自分の収入が多くても、自分の収入より、他人の収入が多いとおもしろくない。

それは自分の楽しみを知らないということである。

最近、人々の楽しみについての話を聞いていると不安に思うことがある。それは「このごろみんなと外食しているの、ワインをよく飲むわ」といった会話が多いのである。「今日は中華料理で、来週はフランス料理」といった会話である。

この楽しみは何歳でもいい。二〇代でも五〇代でも同じ。お金さえあれば誰でもできる。積み重ねられてきた年齢の重みがない。

次に、ハーバード大学の学生の調査である（前掲書）。

第一は、平均年収が二万五〇〇〇ドルで、自分の収入が一年に五万ドルである。第二は、平均年収が二五万ドルで、自分の収入が一年に一〇万ドルである。

どちらがいいかと聞かれて、多数は第一を選んだ。

休暇については違ったことが言える。

第一は、他人の休暇が一週間で、自分の休暇が二週間である。第二は、他人の休暇が八週間で、自分の休暇が四週間である（前掲書）。

前者を選んだのはたった二〇パーセントであった。所得については競争的であるが、休暇については競争的ではない。

この調査の結果がそのままいまの日本人に当てはまるかどうかわからないが、人々の気持ちにきわめて大きな影響を与えるのは所得についての納得できない格差である。

社会全体が経済的に繁栄しても人々が幸せになるわけではない。納得できない格差を生めば、経済成長は人々に幸せをもたらすどころか、不幸をもたらす。

中間層の中で生じた格差

いまの私たちは生き方がファッション化している。人に見せている生き方をしている。つまり、生き方が人に見せるファッションになっている。

働く場所もできたらかっこいいところ。定年になったら若いころのフォークソングを歌って、山に行って……。そうしたファッション化した生き方の中で生じている格差である。そして日本の社会の中にある幸福へのイメージの、恐ろしいまでの画一化なのである。

したがってこういう画一化された生き方ができないということは、人々の神経症的自尊《じそん》心《しん》に深刻な影響を与える。

人々が生きる目的をはっきりとつかめないままに成果主義だ、市場主義だ、競争主義だと言われるようになった。そこで拝金主義《はいきん》がいっそう蔓延《まんえん》した。

そして、さらに実存的欲求不満は人々の物欲を肥大化《ひだいか》した。

「あれも欲しい、これも欲しい」という人々の中で生じている格差である。あれをあの人は持っているのに、私は持っていないという不満。

私たちはそうした比較の中で生きている。だから格差がこたえるのである。

こうした社会的風潮になったことのすべての原因が政治にあるとは言わない。しかし、明けても暮れても経済成長、経済成長で、経済が成長すれば国の政策はうまくいっているかのごとき政治指導者たちの姿勢や発言に責任があることは間違いない。

そして現実の政治が、人間の本質にまったく無知で、無関心で経済のことしか知らない政治家や学者たちによって動かされてきたということも確かである。

私はあるときテレビで「もう経済学者の言うことを聞く必要はない」と発言したが、相手にされなかった。

親子関係が壊れて経済的に繁栄するよりも、貧しくても家族が信頼しているほうが幸せであろう。

「お父さんを尊敬していますか」について、「そう思う」は中国は七〇・九パーセント、トルコは九一パーセント、アメリカは七一・六パーセント、韓国が四五・一パーセントである。日本は二九パーセントで五ヵ国中最低でダントツに低い。母親についても数字はほぼ同じである。

また、「お母さんのようになりたい」「お父さんのようになりたい」についても日本は一〇パーセント台である（中里至正、松井洋編著『異質な日本の若者たち』ブレーン出版　一九九七年）。

何のための経済繁栄なのか。

先の本におもしろい調査が紹介されている（“Happiness” P.181）。

うつ病と貧困と、どちらが惨《みじ》めかという人々への調査である。答えはうつ病である。

したがって人々が幸せに暮らすためには、経済的なことよりも心理的なことを重視しなければならない。ところが、いまの日本は心理的なことは、軽視どころかほとんど無視である。

たとえばこの政策を実行したら経済的には望ましいが、人々の信頼関係に悪影響を与えるのではないかという視点はゼロである。しかし、社会の信頼関係が壊れたら、経済的に繁栄しても人々は不幸になる。

仕事も家庭も地域も所得もみんな大切である。失業はないほうがいい。

しかし、人々が安心して幸せに暮らすためには健康が鍵《かぎ》になる。その健康とは心理的健康である。

病気と言って何が最も悪い病気なのか？　それは心理的病（mental illness）である。

〈心理的病が健康に対する最大の不満の原因である（前掲書）。

〈心理的病は西欧社会における惨めさの最大の単一の原因であると、この本の著者は言う。

西欧の惨めさの最大の原因は心理的病である。この心理的病の解決のために私たちはもっと努力すべきであると著者は言うが、私も全面的に賛成である。

このような経済学者が日本に欲しい。経済学者で政治家になった人は、この著者の爪の垢《あか》を煎《せん》じて飲んでほしい。

このような調査研究を考慮して言うならば、いまの日本は、経済政策としては成功しているかもしれないが、全体としての国の政策としては完全に失敗であるということは間違いない。

もちろん、改革が何でもいいと思った国民にも責任がある。経済的に豊かになって、人々が穏《おだ》やかな気持ちで暮らせるようになる。そこではじめて改革は成功なのである。

大きな利益を出す会社の経営者が望ましい経営者であるというメディアの風潮が問題なのである。すると成果主義が素晴らしいことだということになる。しかし利益を出している会社の従業員がストレスで下痢や吐き気に苦しんでいるのでは、利益を出していない会社の経営者のほうが望ましい。

人間として惨めなのは、貧困ではなくうつ病であるということは象徴的な話である。会社経営や学校の評価から国の政策評価まで、この視点が大切である。

さらにもう一つ、アメリカに比べて日本で格差が問題になるのは次のようなことである。日本の中で生じた格差は、一億総中間層の中で生じてきた格差である。いままで同じ層であった人々の中で格差が生じてきたことが問題なのである。

アメリカにはもともと富裕層と貧困層がある。

しかも、いまの日本社会に生じている格差でもう一つ重大なのは、自分の生活レベルが

「下がった」ということから生じた格差である。

自分の生活のレベルがいままでよりも下がったということから来る不満は大きい。

自分の生活レベルが同じで、他人の生活レベルが上がったということから生じる格差でも、格差は不愉快である。それなのにいまの日本の格差は、自分の生活レベルが下がったことで生じた格差である。

格差そのものよりも格差についての意識が問題だということは先に述べた通りである。

いずれにしてもこれらの要因が日本の格差問題を心理的に重大にしている。

先の本"Happiness"の著者は、私たちは心理的病にあまりにもお金を支出していないと言う。アメリカでは健康に対する支出の七パーセントしか心理的病に注がれていないと言う。イギリスは一三パーセントだと言う（前掲書）。

日本の数字はいまわからないが、これどころではないだろう。もっともっと少ないに違いない。

成果主義が機能するとき、しないとき

先に「競争とか成果主義というものが日本人とアメリカ人に同じように機能すると錯覚

した有力な政治家や有名な経済学者がいる」と書いた。

そのことについてもう少し説明をする必要がある。

欧米では長いこと、世俗の権力と精神世界の長と、二つの世界があった。

どんなに強大な権力を持ったとしても、それは世俗の世の中の権力である。それに対し、もう一つ、ローマ法王がいて、精神世界を支配していた。

ところが日本では、この精神世界の支配者が世俗の世の中の権力者と対等になっていない。二つの世界になっていない。

成果主義は、精神世界がある世界とそれがない世界とでは果たす機能がまったく違う。

経済最優先で無宗教に近い社会で、どの企業も成果主義を取り入れれば、経済は栄えて心が滅《ほろ》びても不思議ではない。

なぜ人と比較してしまうのか

私たちは生きていく上で「比較をしない」ということを実行しようとすると、かなりむずかしい。

それに努めてみると、それがいかにむずかしいかに多くの人は気がつくだろう。

比較しないで生きるということがむずかしいということは、どういう心理が働いているのだろうか。

まず、自己蔑視《べっし》と抑うつの可能性が高い。

カレン・ホルナイも言うように、自己蔑視している人は強迫的に人と自分を比較する。自我が確立されていれば「自分は自分、人は人」と思って生活していかれる。

しかし自分で自分を確認できなければ、世間との比較でしか、自分を確認できないから強迫的に人と自分を比較する。

他人との比較でしか自分を考えられなくなれば、「勝ち組・負け組」式に人を分類するようになるのは不思議ではない。

「勝ち組・負け組」の基準は、あくまでも他人の目である。「自分が」満足しているか満足していないか、「自分が」そのことに達成感を持ったか持てなかったかではない。

人は劣等感から人と自分を比較するというのは、何もカレン・ホルナイばかりではない。オーストリアの精神科医ベラン・ウルフも「君自身を他の人々とくらべてみるくせは、まちがいなく劣等感コンプレックスのきざしだ」と前掲書の中で述べている。

他人と自分を比較するものが劣等感に苦しんでいるというのは、常識から考えてもそうであろう。

比較をする心理として自己蔑視のほかに、もう一つ考えなければならないことがある。アメリカの著名な心理学者ジョージ・ウェインバーグは、「比較を始めるということは、一般に抑うつが進行している印だ」と述べている（『自己創造の原則』加藤諦三訳、三笠書房　一九九三年）。

おそらく彼の臨床経験からの説明であろうが、理屈としても理解できる。人はエネルギーがあれば自分の道を歩いていかれるが、エネルギーがなくなると世間との比較が大切になるだろう。

エネルギーがなくなると心理的に二つの症状があらわれる。一つは自分の生活と他人の生活を比較する。もう一つは過去にこだわる。いまを生きられない。

いずれにしても「自分と他人の生活を比較しない」と努めると自分の弱点が見えてくる。

過剰競争意識の裏に隠された心理

いまの日本でこれほどまでに「勝ち組・負け組」が問題になるのは、いまの日本が、過剰な競争意識の裏で自己蔑視と抑うつ状態にあるからではなかろうか。

「勝ち組・負け組」という事実も問題であるが、それ以上に問題なのは、私たち日本人がこのような心理状態に追いこまれているということである。

勝ったほうか、負けたほうか、どちらかが幸せならいいが、どちらも不幸ということがいまの日本の最大の問題なのである。

過剰競争意識社会で人は潰瘍《かいよう》になる。株でもうけてお金持ちになる。でもその人は胃潰瘍になった。形の上では勝ち組だが、人生全体として見れば失敗であろう。

自分の好きなことをしている人は、他人のことは気にならない。人に優越することに関心がないから、人が成功するか失敗するかなど気にならない。

それよりも、自分が好きなことができるかできないかが気になる。

他人よりも優れたいと思うから、他人に劣っているかどうかをいつも心配していることになる。

他人が気にならなければ、人は自分の好きなことをしようとする。自分のできることをしようとする。

勝ち負けは比較的気にならない。

つまり、「勝ち組・負け組」と騒ぐのは、私たちが抑うつ感情が強く、劣等感に苦しんでいるということなのである。

日本の若者の不満はもともと諸外国に比べて異常に高い。地域社会に対する心理的崩壊《ほうかい》もある。

「あなたは将来ずっといまの所に住んでいたいですか」という質問に対する答えは、次のようである。

日本は最低で、二六・二パーセント。アメリカは四七・三パーセント（日本の青年「世界青年意識調査」第四回報告書　総務庁青少年対策本部　一九八九年　六七頁――これは世界一一カ国の青年の意識調査である）。

学校に対する心理的崩壊も酷い。

一九八九年発表の財団法人日本青少年研究所の行った「高校中退の日米比較」の調査がある。同研究所のニュースレター第13号（一九九〇年）の「学校を辞《や》めたいと思ったことがある」という質問に対する結果は次のようである。

小学生は日本一七・五パーセント、アメリカ一〇・四パーセント。中学生は日本二三・四パーセント、アメリカ二一・六パーセント。高校生は日本三七・六パーセント、アメリカ三四・〇パーセント。

日本の小学生も、中学生も、高校生もアメリカに比べて「学校を辞めたい」と思う比率は高い。

このような心理状態をどうするかということが、いまの日本の最大の問題である。

第二章　ラブ・ミー・リターン

ストレスか、諦《あきら》めか

一九五〇年代に経済の二重構造論ということが盛んに言われた。日本には、一方に近代的な大企業と、他方に前近代的な中小零細《れいさい》企業があるという論である。それは一九五七年の経済白書でも取りあげられた。

たしかに日本経済は二重構造であったろう。いまもまだそうであろう。

しかし経済の二重構造論はしきりに言われたが、心理的二重構造論は言われなかった。

心理的二重構造とは私が勝手に言っていることであるが、いまなお続いている。そのとき、そのときで形を変えて続いている。

日本のビジネスパーソンの中にはかなり無理をして張りきっている人もいるが、同じ職場で働いているビジネスパーソンの中には心理的にまいっている人も多い。

これがいわゆる心理的両極分化である。いまのまま進めば、心理的両極分化はますます進む。

一方にストレスにあえぎながらエリートコースを進む人と、他方に出世を諦《あきら》めて不満から無気力になる人がいる。

後に述べるが、このエリートコースを進む人の中に、実は心の崩壊《ほうかい》が起きている。それは自己中心的で利己主義者、マネーゲームに走る人々である。

職場生活の満足度は世界最低

私たち日本人は第二次世界大戦後の驚異の経済成長以来、「わが国は世界第二位の経済大国」と言ってうれしがってみたり、新幹線ができれば、「新幹線のスピードが世界一」と言って得意になり、「鉄鋼の生産が世界一」とか、「ノーベル賞が何人出た」とか、造船技術がどうだと言ってみたり、エッフェル塔より高い塔が日本にあると言ってみたり、そういうことに得意になってきた。

つまり、常に優越が最大の関心事になる国で、「心」が問題にならない国なのである。「わが国は世界第二位の経済大国」と言ってみても、職場に対する若者の満足度は世界で最も低い。

職場生活の心理的崩壊が起きているところで成果《せいか》主義を取り入れるのと、職場の満足度が高いところで成果主義を取り入れるのでは、その影響はまったく違う。

もう一度言う。職場生活での満足度はもちろん世界最低である（日本の青年「世界青年意識調査」第四回報告書　総務庁青少年対策本部　一九八九年　三七頁）。日本は一一・二パーセント、アメリカは六四・三パーセントである。

「日本人はアメリカ人に比べて、同じ職場で働き忠誠を尽くす」というイメージは、心理的な側面から言えば当たっていない。アメリカの若者のほうがはるかにずっといまの職場で今後も働きつづけたいと思っている。「いまの職場で今後も続けたいか？」という質問について、日本の若者は二六・二パーセントで、世界最低である。アメリカは五七・六パーセント。

「変わりたいと思うことはあるが、このまま続けることになるだろう」という無気力な若者は、世界でダントツの一位である（日本は二五・三パーセント、アメリカは七・四パーセント）。

アメリカというとすぐに転職の国で人々は職場に満足していないというイメージを持つが、そうではない。

成果主義、成果主義と騒いでいる人は、この日米の職場の満足度の違いを知って騒いでいるのだろうか。

インターネットの発達で最も影響を受けるのがおそらく日本社会であろう。ネット心中がそれをあらわしている。

世界最先端のＩＴ社会をつくるという政府の政策は、土台がないのに世界一の高い建物をつくろうとしているようなものである。クレヨンで絵を描けないうちにパソコンでお絵かきソフトを使いだすようなものである。

尽くす代わりに見返りが欲しい

私たち日本人には、「世界一」に対する大変な憧《あこが》れがあるようである。

ところが、そういうことをここまで得意になっている国がそれほどあるわけではない。

もしある外国人が日本人に対して、「それでも私たちは、生活を楽しんでいる」と言ったらどうであろうか。

「私たちの国には、東京タワーほどの高い塔はないが、さわやかさがある」と言ったらどうなのであろうか。「新幹線のように速く走る鉄道はないけれども、生活にゆとりがある」と言ったらどうなのであろうか。

私たち日本人は、得意になることが少し違うのではないかと私は思う。

日本以外の国で、自国が何かで世界一になったときに、ほんの一部の国をのぞいて、これほど騒ぐ国は少ないのではないだろうか。

一九六〇年代には「自由主義世界三本の柱」という言葉がしきりに言われた。そういって鼻高々であったのが、日本の指導者たちであった。

ところが米中対立の中でニクソン政権の特使キッシンジャーが、日本の佐藤政権には何の連絡もなく北京《ペキン》を訪れたとき、その翌日から日本のジャーナリズムは、一体どうだったであろうか。

「自由主義世界三本の柱」という鼻高々とした言葉は、どこかにふっとんでしまったのである。

つまり、佐藤政権に対してアメリカは、「おまえがいなくても中国とは話がついた」ということなのである。

そうなるとたんに、日本の政界、財界、知識人は、ただただ唖然《あぜん》とするほど自信を失った。ちょうど高度経済成長の最盛期《さいせいき》には「もはや世界から学ぶものはない」と言わんばかりの傲慢《ごうまん》さであったのが、バブル経済がはじけたとたんに日本人はみんな驚くほど自信を失ってしまったのと似ている。

そしていま、経済が回復してくるとまた傲慢になりだした。

つまり長いこと国全体が劣等感で動いている。

成果主義を唱《とな》える前に、まず国が劣等感を動機とした行動をやめることである。

それで国の雰囲気が変わる。

それはさておき、その「自由主義世界三本の柱」と言われた国の企業で働いていたビジネスパーソンは、決して満足していたのではないだろう。

経済が繁栄《はんえい》する中でも、ストレスからつらい毎日を送っていたビジネスパーソンが多かっただろう。

そこで働いていたのは、うつ病の病前性格と言われる執着《しゅうちゃく》性格者たちであった。

日本のビジネスパーソンは会社のためによく働いた。しかし、彼らは何も会社に求めていないわけではない。求めている。

ただアメリカのビジネスパーソンのように、何かをはっきりと要求しないだけである。

日本のビジネスパーソンのようによく働く生《き》まじめな執着性格者は、要求の仕方が間接的なのである。

彼らの生まじめな勤勉の裏には常に「隠された要求」がある。

それはどんな要求であろうか。

「これだけ生まじめに働いたのだから、会社は自分に何をしてくれるのか？」という要求である。その要求が隠されているところが特徴なのである。

しかし、それは実現されないときがある。そのときの不満は、怠《なま》け者と違って大きい。だからこそ、時に生まじめな日本のビジネスパーソンの不満はすごいのである。飲み屋でのビジネスパーソンの愚《ぐ》痴《ち》を聞いていればそれはわかる。

カレン・ホルナイの言葉を使えば、それは神経症的愛情要求である。尽くすのは尽くすが密《ひそ》かにその見返りを求めている。ビジネスパーソンの飲み屋での愚痴は、みな神経症的愛情要求の期待が裏切られた悔《くや》しさである。

「ラブ・ミー・リターン」(love me in return)、これがいままでの経済成長期の日本のビジネスパーソンを理解するキーワードである。

「私は会社のためにこんなに尽くしています」だから「ラブ・ミー・リターン」、「私は上司であるあなたのためにこんなに尽くしています」だから「ラブ・ミー・リターン」。「私は子供のためにこんなに尽くしています」だから「ラブ・ミー・リターン」と言う母親の心理と同じである。

ところでこの神経症的愛情要求と燃えつき症候群とが関係がある。『燃えつき症候群』

の著者のフロイデンバーガーは、燃えつき症候群になるのは、あることに献身し、しかし期待した報酬《ほうしゅう》を得ることに失敗したときに生じる疲労からだと言う（"Burn Out" Bantam Books 1980 P.13）。

愛情不満で眠れない

日本人の消費活動の特徴が「人と同じように」という依存効果だとすれば、生産活動の心理的特徴は執着性格者の神経症的愛情要求である。

彼らは上司に献身することもあるだろう、会社に献身することもあるだろう、大学の教職員なら大学に献身することもあるだろう。しかし、常にその献身の対象から報酬を得ることを期待している。

そこが問題なのである。密かな期待があるから、心の安定がない。もし自分が何か人生の目的に向かって頑張《がんば》っているならば、そこで心の安定が得られる。しかし、神経症的傾向の強い人々はその心の安定がない。

日本社会の終身雇用と年功序列はこの神経症的愛情要求の「リターン」の部分なのである。これがあったからこそ、なんとか神経症的傾向の強い私たち日本のビジネスパーソンが神経症者にはならなくてすんでいたところがある。

終身雇用、終身雇用と言うが、いままでだって現実には終身雇用にはなっていないと、いろいろと数字をあげる経済学者もがいるが、心理的に重要なことはそれがリターンであったということである。

そして、この愛情要求の期待を裏切られたときのストレスは、最もしつこいストレスとなる。

「ストレスで眠れない」というような深刻なストレスは、たいていこの種のストレスである。中でも燃えつきそうな人は、このストレスは最も強い。

それは燃えつきる人が、相手にはっきりと抗議できないからである。アメリカ人のような非抑制型の人もストレスを感じるが、騒ぐから、燃えつきる人よりもストレスを解消できる。

もちろん日本人でも非抑制型の人は「けしからん！」と騒いで抗議する。隠さないで直接に要求する。そこが燃えつき症候群の人と違う。

「飴《あめ》が欲しい」けれど飴をなめられないというストレスは、飴に対する欲求がものすごくない限り、眠れないほどの激しいストレスにはならない。

しかし「飴を買ってくれなかった」という愛情の不満から来るストレスは、眠れないほどのしつこいストレスになる。

そして体調を壊すようなストレスは、たいていこの愛情要求が絡《から》んだストレスである。

会社の悩みといっても、多くは人間関係の悩みである。そしてこの人間関係の悩みとは多くの場合、相手から期待した反応を得られないという不満である。

あるいは、相手がそのような不満を抱いたがために絡まれたという悩みである。

会社で出世ができなかったという悩みだって、本当にそれだけのことなら体調を崩《くず》したり、眠れなかったりという深刻な悩みにはならない。

会社で出世できなかったという悩みでも、期待した通りの出世ができないことによって、周囲から望むような賞賛を得られないという不満が、根底にある。それだから深刻な悩みとなる。

そして、その不満が眠れない原因となるストレスになる。

やる気が失われていくカラクリ

相手への期待、それが終身雇用とか年功序列である。

ところが終身雇用とか年功序列とかが崩れるときに、この期待が裏切られる。期待は絶望に変わり、ビジネスパーソンの志気を低下させる。普通のビジネスパーソンがやる気をなくすのは当たり前である。

日本の一般的なビジネスパーソンがブツブツと文句を言いながらもまじめに働いていたのは、終身雇用とか年功序列があったからである。

それがなくなれば、もうそんなに必死に働く理由がない。日本のビジネスパーソンは働きたくて働いていたのではない。心理的なことを含めて、働くことの見返りを求めて、それが実現しそうだから働いていたのである。

そして、この心理が日本の労働争議の特徴である激しさの原因にもなっている。

「日本の労使関係は、平時においては相手の誠意を信じる情緒的信頼関係の上に成り立っている」（野村正実『雇用不安』岩波書店　一九九八年　九七頁）

社会的に見ればその通りだろうが、心理的に見ればお互いに密かな期待を持っているのである。これだけしているのだから、これくらいはしてくれるだろうなという期待である。

だからこそ、「ひとたび信頼関係が裏切られたと感じるや、労働者側は、日常的な秩序から一気に抜けだして、暴力を含む過激な行動に出る。

「日本の労使関係は、過度に労使信頼的であるか、憎悪《ぞうお》にみちた対立という二つの極端な状況になりがちである」（前掲書　九七頁）

年功序列と終身雇用とこの企業内組合は「三種の神器」とか「三点セット」と言われた。

私はその上に企業共同体があると思っている。企業とはもともと機能集団であって共同体ではない。しかし、日本の企業は共同体化していた。

「三種の神器」が全体として企業共同体と言う人もいるが、私は日本の企業共同体は「三種の神器」に分解されない大きな心理的意味を持っていると思っている。

そして何よりも、年功序列と終身雇用はうつ病の病前性格である執着性格者に適合した制度であった。

うつ病の病前性格についての詳《くわ》しい説明は他に譲《ゆず》るとして、大まかに言えば、気が小さくて仕事熱心、義務責任感が強い、そして正直で几帳面《きちようめん》、ごまかしができない、不安に怯《おび》えて感情疲労が激しい。

もちろんテレンバッハのメランコリー親和型性格なども病前性格である。そして秩序に束縛《そくばく》されている。したがって仕事においても、対人関係においても几帳面である。

ところで、このように趣味らしい趣味を持たずキチキチの性格で、強度の依存性を持ち、傷つきやすい敏感さを持っている人間の生き方を考えると、どうなるだろうか？

生活をのんびり楽しむよりは、猛烈《もうれつ》社員となって働こうとするであろう。

猛烈に働くのは不安だからである。

人生において「『職場と広場』のどちらに価値を置くか？」と言えば職場に価値を置く。

いや、職場のほうが生きやすい。

そして重要なことは、そういう人はその職場で成功したとしても自分の好きなことをして成功したわけではない。

成功にしがみつく人の人生

ところで、いまここに自分の好きなことをやっていて成功した人がいるとしよう。その人はあまりその成功を鼻にかけないだろうし、その成功を価値の基準にすえてものごとを判断しないだろう。

ところが、もしいまここに苦労に苦労を重ねて成功した人がいたとする。おそらく彼はすべての価値の根底に成功ということを置くであろう。

貧困から身をおこし財産を築いた社長というのは、おおかた保守的である。いや反動的とさえ言っていいほど保守的な人も中にはいる。

それは、今日の財をなすまでにその人がどれだけ苦労したかによろう。食べたいものが食べられず、着たいものも着られない時代から、ただただ働いて巨万の富を築いた人にしてみれば、ある人が貧乏なのはその人が悪いからだと思うだろう。

つまり超保守主義になる人は、実は働くことが好きではない人なのではないだろうか。もし働くことが好きで好きでたまらなかったら、その人は現在の地位を得るのにそれほど苦労したとは思わないであろう。人の二倍も三倍も働かなければ成功はできない。しかし、好きなことをやって得た地位であるなら、それほど失うことが惜《お》しくないに違いない。

ところが逆に、来る日も来る日もいやなことばかりの毎日であったらどうであろう。それにもかかわらず自分は頑張って人の二倍も三倍も働いてやっとある一定の地位を得たとなれば、とうていその地位を手放したくない。その地位を守ってくれる現在の体制をあやうくするものには猛烈な敵意をいだくに違いない。

もし自由主義体制でなくなって現在の企業経営権が変化し、自分の企業内の地位も同時に変化してしまうなら、一体自分のいままでの人生は何だったのか、ということになる。

「それだったら小さいころから好きなことをやればよかった」と思うに違いない。

この気持ちが日本の一般的なビジネスパーソンの気持ちではないだろうか。彼にしてみれば、自分のやりたいことをやらず自己抑制し、自分のやりたくないことを自分の体にムチ打ってやってきた。

一日として会社に行きたくて行ったことはなかった。しかし会社にまじめに勤め、人よりも働けばそのうちいい時が来る。そう思って働いてきた。そういう生涯が自分の生涯だったという人にとって、現在得た地位は彼の人生そのものなのである。

年功序列の意味はことのほか大きい。

その地位を得るまでの過程に彼の人生はなかった。彼の人生はまさにその努力の結果として現在の地位に集約されているのである。そうなって人は保守的になる。

うつ病者とか執着性格者というのは保守的である。その理由は以上のようなことによるのではないかと私は考える。

ところで、いま自己抑制し、好きなこともやらずに、ということを書いた。しかし正確に言えば、こういう人たちは「好きなことがなかった」と言うべきなのである。それだけに不幸であった。

彼自身は「好きなことをやってくれればよかった」と思っているかもしれないが、それでは好きなことことは「具体的に何か？」と言われれば、実はないということが多い。

もちろんこのようなタイプのビジネスパーソンがすべてなどと言っているのではない。

しかしある程度の割合でこうしたビジネスパーソンがいた。そして、そういうビジネスパーソンがなんとなくやってこられたのが年功序列と終身雇用なのである。

不満層と無気力層

いまの日本のビジネスパーソン危機階層には、期待したリターンが得られない不満層と、最初からリターンを期待しない無気力層がいる。いずれにしても、ビジネスパーソンの心の崩壊がある。

はじめから一時代前型のリターンを期待しないビジネスパーソンは、極端に自己中心的な利己主義者になる。マネーゲームに走るのはこういう人たちである。

制度は一朝一夕《いっちょういっせき》に変えることができても、意識は一朝一夕に変わるものではない。私たち日本人の気質は一朝一夕に変わるものではない。

多くのビジネスパーソンをノイローゼから守るためには、それなりの「リターン」を用意するしかない。

また、マネーゲームに走るビジネスパーソンの心の崩壊に対して何らかの手を打つ必要があるだろう。

そのリターンとしての年功序列や終身雇用が無理なら、心理的ケアをするメンタルヘルス対策が必要である。

織田信長式には無理がある

前にも述べたが、成果主義が日本の社会に大きな陰を落としている。

織田《おだ》信長《のぶなが》は鉄砲《てっぽう》を使って天下を統一しようとした。しかし天下を取れなかった。

農耕民族に対して彼のような人間を騎馬《きば》民族と表現すれば、彼は騎馬民族だけれども、彼のまわりの人間は騎馬民族ではない。だから織田信長はやりすぎた。

いまの日本の会社の成果主義は、織田信長のようなものである。

社会はついていけないところがある。だから「格差だ、格差だ」と騒ぎだしたのである。

自分の生き方と会社のやり方が一致していない。

アメリカ人の心でアメリカの生活をしないでおいて、成果主義だけを日本の会社に持ってくるのには心理的に無理がある。会社の外の生活は日本的で、会社の中だけを成果主義にしても効果は期待したほどあがらない。

文化は統合している。ある一部分だけを取り入れようとしても無理。生活や社会はついていけない。

臓器などの移植のときにも拒否反応が起きる。骨髄《こつずい》移植でも、肝臓《かんぞう》の移植でも拒否反応が起きる。それをどう抑制するかが医学の大問題であろう。

いまの日本の成果主義は、手術をしてその抑制の薬を飲まないでいたようなものである。アメリカの生活をしないでおいて、成果主義だけを取ってきても無理。効果は期待したようにあがらない。拒否反応を起こすほうが自然である。

「孫子《そんし》の兵法」を使って農耕民族の日本で戦いに勝とうとしても勝てないだろう。中国の生活を理解しなければ「孫子の兵法」は理解できない。

日本は、敵に塩を送るだの、農作業のときには戦争をやめましょうなどと言っている国である。

日本は日本でよい。日本をよくするために外国から学ぶのであって、日本を外国のようにしようとするのは日本を滅《ほろ》ぼすようなものである。

ここも病んでいる

すでに述べたように、企業で働くビジネスパーソンの心理的病《やまい》は増加しているが、学校で働く教職員の心理的病も増加している。

小・中・高等学校等の教職員の病気休職者数等の推移（平成七年度〜平成一六年度）を見ると表（八四頁参照）のように年々増大している。

そのうち精神性疾患による休職者数は、これまた確実に毎年増加している。在職者比で見ても毎年確実に増加している。

精神性疾患による休職者比で見ても毎年増加している。

病気休職者の精神性疾患による休職者比で見ても毎年増加している。

日本経済新聞（二〇〇五年一二月一五日）は次のような記事を載せている。

「東京都教職員互助会が運営する三楽病院（東京・千代田区）によると、同病院の精神神経科を受診した教員数も昨年は初めて四〇〇人を超えた。

同科の中島一憲部長は教育委員会への報告文書などが増えて教員が多忙になっていることや、保護者の要求の中に一方的なものも増えていることなどが背景にあると指摘。教員のストレスについて『もはや学校だけでは対処できない。保護者の理解や教員の事務量を減らすなどの行政上の対応が不可欠』と話す」

つまり、いかに社会全体がおかしくなっているかということである。「保護者の要求の中に一方的なものも増えている」などというのも一般的に言われていることであるが、保護者がこのようになっているということは、社会全体がおかしくなっているということであろう。

子供の教育よりも、すでに保護者がおかしくなっている。

カウンセラー不足の現実

アメリカの臨床《りんしょう》心理士は、二〇万人と聞いた。州が認定するので、相当ばらつきもあるようだが、所得は一般には日本に比べて非常に高く、医師並みの収入を得る臨床心理士も多いという。

日本では年収は年齢にかかわらず、四〇〇万〜五〇〇万円くらい。したがって心理職はプロフェッショナルとしては、資格の取得がむずかしい割には収入は低い。

臨床心理士では、独立してカウンセリングオフィスを経営できる人は、東京でも五〇人いないと思われるから、アメリカとは大変な相違がある。

こうしたことでも、日本が心の問題をいかに軽視しているかということがわかる（注1）。

いまの日本人の職業で最も需給《じゅきゅう》バランスが悪いのは、カウンセラーではないだろうか。臨床心理士の有資格者は累計《るいけい》で、約一万人を数えているが、スクールカウンセラーの需要が増加し、五万人ぐらいが必要だと見込まれている（注2）。

こんな職業がほかにあるだろうか。いまの日本人は、そのくらい急速に心理的に病《や》んできているということである。

大手企業と心の病

二〇〇五年度は脳・心臓疾患による過労の労災請求・認定件数が過去最高である。このうち過労死者は一五七人。うつ病などで労災認定を受けた人は一二七人で、うち自殺は四〇人。

朝日新聞の佐藤陽記者が日本の大手企業一〇〇社に調査をした。その中に「心の病による休職者は、過去五年間で増えていますか？」という質問がある。

増加したという会社が四三社なのに比べて、減少したという会社はなんとたったの二社である。

回答拒否が二五社あることを考えると、増加以前に隠したいという会社が多いということであろう。

心理的におかしくなっている人が増加しているのは企業ばかりではない。親も同じである。幼児虐待《ぎゃくたい》の急増はすでに説明をしている。

少年院教官に対する意識調査でも、指導力に問題のある保護者が増えたと認識している教官が八〇パーセントを超えている。

その内容は、「子供の行動に責任感がない」「子供の言いなりになっている」「子供の行動に無関心である」などである（「少年院などを出た子どもたちの立ち直りを、地域で支援するための方策について」東京都青少年問題協議会　二〇〇六年）。

病気休職者数等の推移（平成７年度～平成16年度）

（単位：人）

	在職者数(A)	病気休職者数(B)	うち精神性疾患による休職者数(C)	在職者比 (B)／(A)	(C)／(A)	(C)／(B)
7年度	971,027	3,644	1,240	0.38%	0.13%	34.0%
8年度	964,365	3,791	1,385	0.39%	0.14%	36.5%
9年度	958,061	4,171	1,609	0.44%	0.17%	38.6%
10年度	948,350	4,376	1,715	0.46%	0.18%	39.2%
11年度	939,369	4,470	1,924	0.48%	0.20%	43.0%
12年度	930,220	4,922	2,262	0.53%	0.24%	46.0%
13年度	927,035	5,200	2,503	0.56%	0.27%	48.1%
14年度	925,938	5,303	2,687	0.57%	0.29%	50.7%
15年度	925,007	6,017	3,194	0.65%	0.35%	53.1%
16年度	921,600	6,308	3,559	0.68%	0.39%	56.4%

（注）「在職者数」は、当該年度の「学校基本調査報告書」における公立の小学校、中学校、高等学校、中等教育学校、盲学校、聾学校、及び養護学校の校長、教頭、教諭、助教諭、養護教諭、養護助教諭、講師、実習助手及び寄宿舎指導員（本務者）の合計。(文部科学省)

注1　アメリカの心理士の事情については、次のホームページに詳しい記述がある。http：//www.acc.go.jp/kenkyu/ekigaku/98ekigaku/eki_53/eki_53.htm

注2　臨床心理士は国家資格ではなく、資格を認定する日本臨床心理士資格認定協会は、一四年前に一六の心理学関係学会の協賛を得て発足し、その二年後に旧文部省の認可する財団法人となった。業務としては大学院指定審査委員会を発足させ、指導教員・心理臨床訓練施設等の一定条件を充《み》たす大学院を平成一一年度までに四六指定し、修了者に「臨床心理士」の資格審査受験資格を与えている。資格審査は、筆記試験と面接試験で受験者の約七〇パーセントが合格している。臨床心理士の資格は難関とも言えるが、ただ、職場での経験がない人も多く、職場のカウンセリングでは、あまり評判がよくないようだ。うつ病の場合、体の不調も多く、かえって保健師や、看護師のほうが、カウンセリングはうまい場合もあると聞く。

第三章　損得優先

すべてに経済を優先させるのは

日本人はふたこと目には世界第二位の経済大国と言う。私たちは、なんでここまで国際社会の中で名声を追求するのか。

国全体が強迫的に名声を追求している。そして「実際の自分」を完全なまでに無視する。「攻撃ノイローゼ」という言葉がある。オーストリアの精神科医ベラン・ウルフの言葉である。

人生がうまくいかないときに、その人生の一点を集中攻撃することである。たとえば人生にはさまざまな人間関係がある。家庭も仲間も親族もある。個人の趣味もある。仕事もある。

人生がうまくいかない。そのときに、たとえば仕事だけにすべてのエネルギーを集中して人生の問題を乗り越えようとする。これが攻撃ノイローゼである。

経済が大切であることに誰も反論はないだろう。しかし大切なものはいろいろある。経済ばかりではない。それにもかかわらず、いまの日本で言えば、すべてに経済を優先させる。

それは私たち日本人が自己蔑視《べっし》しているからではないだろうか。

名声追求の強迫的特徴について、カレン・ホルナイはいくつかの特徴をあげている。

その第一は現実無視である。

世界第二位の経済大国という陰で、うつ病も過労死も増加している。

厚生労働省の発表によると、過労死は二〇〇二年度は一六〇人で、過去最多である。前年は五八人である。基準の緩和《かんわ》があるので正確には比較できないが、この年の増加は間違いない。

二〇〇四年度の統計を見ると、請求件数は八一六件であり、前年度に比べ七四件の増加（二〇・〇パーセント増）。

認定件数は二九四件であり、前年度に比べ二〇件の減少（六・四パーセント減）である。

多くのビジネスパーソンは、リストラに怯《おび》えて働きつづけているのであろう。

過労死という言葉は英語にはない。前にも述べたが、フィリピンのテレビ局が取材に来て、過労で死ぬというのはどうしても理解できないという。

厚生労働省の自殺死亡統計によれば、曜日別に見た二〇〇三年の一日平均自殺死亡数は、男女ともに「月曜日」が最も多く、「土曜日」が最も少なくなっている。

月曜日の自殺は土曜日の約一・五倍だという。働くのがいやなのであろう。もちろん海外でも脳卒中《のうそっちゅう》や心筋梗塞《しんきんこうそく》は月曜日の発生が多いというから、これは何も日本だけのことではないかもしれない。

ただ日本ではビジネスパーソン、特に男性で、月曜の心筋梗塞の発症が他の曜日より三〇パーセントも高いという。

リストラで企業は合理化され利益を生むかもしれないが、そこに働く従業員のストレスや心の病《やまい》は増加するばかりである。

二〇〇六年七月一五日の読売新聞に「失敗恐れ三〇代でＥＤ」という見出しの記事があった。サブタイトルが「リストラ、負け組　ストレスに」である。

記事によると「最近は、肉体に問題のない若年層で増えている」。原因は過度のストレス。

クリニックに多くのＥＤ患者が訪れる。「六、七年前は中高年層が中心だったが、今は二〇、三〇歳代が八割を占める」という。

記事はさらに「成果主義などの広がりで、常に結果を求められる環境に身を置く男性は多い」と書いている。これがまさに格差病社会である。

企業が利益をあげることだけでは、解決できない心理的問題が山積している。というよりも企業が利益をあげることと、その心理的問題の増加が関連しているかもしれない。リストラによって企業の体質は改善されるが、子供に無関心な親も、うつ病も増加している。自殺者も三万人を超えたままで減らない。

日本はいま「錦《にしき》を着て憂《うれ》える人」であろう。ブラジルやメキシコのことをよくは知らないが、南米などは「水を飲みて笑う人」ではなかろうか。

経済と社会と文化と心理等々を総合して考える人がいまの日本の内閣にはいない。社会全体のバランスを考える人がいない。

あることが経済的に望ましくても、社会的心理的に問題があるから、その経済政策を実行しないという判断をする人がいない。

とにかくある政策が経済成長にとって望ましいとなれば、それはすべてに優先され、実行される。

すべてに経済が優先する最近の傾向を見ていると、何のための総理大臣かという気がしてくることがある。そこら辺を判断するのが首相であろう。

この原稿を書いているとき、ふと新聞を見ながら「ああ、これがまさにいまの日本を象徴しているな」と感じた。

朝日新聞二〇〇六年六月二六日朝刊一面トップは大きな記事で、見出しは「景気拡大『最長に』九七社」となっている。そしてサブの見出しは「『いざなぎ』超える見方　消費回復で強気」にである。

では、最後の社会面はどうなっているか。右上の大きな記事は大学生の殺人事件である。大きな見出しは「二人とも生き埋め」である。その左横の大きな記事は秋田県で七歳の子供を殺害した容疑の記事である。大きな見出しは「畠山容疑者、殺人で再逮捕」である。その下は一六歳の少年が家に放火して母子三人を殺した事件である。それで一面が埋まっている。

もちろん他の新聞も似たり寄ったりである。たとえば日本経済新聞は一面トップにやはり大きな記事である。見出しは「堅実景気　内需軸に息長く」である。社会面は朝日新聞とほぼ同じである。また日経には「村上前代表起訴」という続きものがある。

この一面と社会面とが無関係と見るか、相関していると見るかで大きな違いはあると思うが、私は相関しているとしか考えられない。いずれにしても拝金《はいきん》主義という「金がすべて」という土壌《どじょう》の中での日本社会と日本経済である。このように経済が活性化する政策が、そのまま社会的心理的退廃をもたらしている可能性が大きいのである。

それにしても、何をもって経済大国と言うのか。

経済大国というのは、それほどまでに得意になることなのだろうか。

お金はあるけれど社会的貢献《こうけん》を何もしないでいる人と、お金はないけれど社会的に貢献している人と、どちらを意味ある人生と思うか？　どちらが幸せと思うか？

日本には政治の善し悪しを判断する基準がない。そこで経済の基準がすべての基準になってしまう。経済が国の政策の成功失敗を判断する基準になってしまう。

外からの要求にばかり応えるのは

フロイドと並ぶ臨床心理の大家ユングの内向型、外向型の区別によるならば、外向的態度とは、態度の決定が主として客観的な事情によってなされることである。外側の事情に応じて自分の態度を決めていく。

ユングがあげている例で言えば、どんどん注文があるからということで次から次へと商売を広げていくタイプである。

その結果、自分の能力を超えて事業を拡張してしまう。また急に名声があがった結果、やはり自分の能力を超えてエネルギー支出を求められる歌手が突然高い声が出なくなる場合である。

ユングは、その結果生じてくる機能障害は補償《ほしょう》という意味を持っていると言う。この結果によりすぎている傾向が是正《ぜせい》される。

そしてユングは、外向型の人のこうむる神経症の圧倒的多数はヒステリーであると述べている。

私は外向型の人が日常的に苦しめられる神経症がヒステリー傾向であると思う。それを通り越した場合に、昇進うつ病とか燃えつき症候群とかに陥《おちい》るのではなかろうか。

そして、なぜそこまで外側の要求に応えて内面の要求を無視してしまうのかという点を考えなければならないであろう。

外向型の人というだけでは、その説明は無理であろう。やはりそこには外側の要求にそこまで応える必要性が内面の側にもあったと考えるべきであろう。

傷ついた神経症的自尊心《じそんしん》を癒《いや》す必要もあったのである。

いまの日本がまさにこれである。いまの日本国は国の実力以上の経済的繁栄《はんえい》をして、機能不全に陥っているのである。

日本はいまや総合的に見ると機能不全に陥っている。

家族の絆《きずな》が崩壊《ほうかい》し、会社では上司同僚との不和が増加している。最近子供が汚《きたな》くなった。逆にお母さんたちがキレイになった。子供が転んでケガをしているのに、自分の髪型を気にしているお母さんがいる社会である。

少子高齢化社会の原因がどこにあるかわからないだろうか。

日本の機能不全をなおすには、実力相応の国になることである。世界経済が相互依存を高める中で、日本経済がある日クラッシュするということは、世界同時不況の引き金にさえなりかねない。

経済的にはそこまで来ているが、心理的健康水準は恐ろしく悪い。

いまの日本は、どれだけもうかったとかいう、欲得の話だけで、生きていく上での心の問題が語られることがない。

日本が世界で尊敬されるために必要なのは世界一の経済力ではなく、世界一の心のあり方である。

それは世界一豊かな五感である。春を味わい、秋を味わう豊かな五感である。そうした豊かな五感を日本人一人一人が持ったときに、はじめて世界は日本を尊敬するだろう。

けではない。

歪《ゆが》んだ経済大国や、アメリカがつくってくれた平和憲法を持っているから尊敬されるわけではない。

損得がモノサシになるとき

得するとか損するとかいうような経済的なことだけで、ものごとを判断するようになったときは、エネルギーがないときである。

いまの日本を見ていると私は、昔のある家族を思いだす。子供が一五人いて、息子たちは愛情飢餓《きがかん》感でまともに育っていない。それなのに父親は選挙に当選する。最後は貴族院《きぞくいん》議員になる。勲章《くんしょう》をもらう。

子供たちはほったらかしにされて愛情飢餓感でノイローゼになっているのに、母親は選挙民からは神様のように言われている。

自分の家が借金で首が回らない。家具は差し押さえられて張り紙がついている。それなのに親戚の家の家計の問題に相談に乗っている人がいる。

それはおかしい。

とにかく、まず自分のことをキチンとする。

いまの日本にはまず人間としてのまともな感覚を欠いている人が多くなった。

「絶対にしてはいけないこと」ということについて、日米の中学生はどう思っているか。「友だちをいじめる、タバコをすう、無断外泊をする、シンナーをすう、万引きをする、先生に暴力を振るう、学校の建物や公共の物を壊す、遊びまわって夜遅くまで家に帰らない、授業をさぼる、遅刻をする、先生に反抗する」、これらすべてにわたってアメリカの中学生のほうが「してはいけない」と答えている率は高い（財団法人青少年問題研究所「ニュースレター第9号」一九八五年）。

自信のなさの裏返し

ノイローゼ国家日本はどう立ち直るか。

日本はいまだかつて外国との関係で真の自信を得たことがない。いまだかつて外国との関係で真のアイデンティティーを確立したことがない。

いままで日本は「こういう国ですよ」と外国と自国に説明することができない。世界第二位の経済大国という自慢話をすることはできるが、それはアイデンティティーではない。その真のアイデンティティーと自信を得ようとして必死になっている姿が世界第二位の経済大国という言葉である。しかし世界第二位の経済大国という言葉は日本人に自信を与え、真の内面の強さを与えることがない。

むしろその必死の努力は内面の葛藤《かっとう》を激しくするだけのようである。優越感とアイデンティティーとは違う。

もしわが国が明治時代にアイデンティティーを確立していたら、欧米に追いつき追い越せとはならなかったであろう。欧米に追いつく必要もないし、追い越す必要もない。日本は日本でいいのだから。

「欧米に追いつき追い越せ」と言ったときに、日本は自己不在に陥った。

この「欧米に追いつき追い越せ」という願望こそ、自信のない者が、自分を他者よりも優位の地位に置くことで、自信を得ようとする必死の姿なのである。

もし真の自信を持っていれば、自国を他国の優位に置くことで自信を得ようとする必要がない。

自信のない者が他人と向きあうときに学歴を必要とするように、わが国は国際社会の中で生きていくときに世界第二位の経済大国であることを必要としているのである。それなしに外国と対峙《たいじ》できない。

日本は自己不在であればあるほど、他国に対して優越した地位を必要とする。自信のない女が素敵な男と向きあうときにダイヤモンドを身につけていなければ不安なように、世界第二位の経済大国が必要なのである。

お金がなくても人が寄ってくる。その上で経済力があるなら尊敬される。国際社会だって、お金だけでは周囲から尊敬されない。

湾岸《わんがん》戦争や開発途上国援助にあれだけのお金を出しながら、感謝はされない。それはいつものことであろう。

経済以外のことで国際社会における存在感のなさは、日本がアイデンティティーを確立できないでいるからであろう。

国連の分担金を世界で二番目に多く払いながら、意見に耳を傾けてもらえない。

日本はいま国際社会の中で自分たちが真に何を望んでいるかさえわからなくなっている。何をしようと欲しているかがわからなくなっている。

アメリカ追随《ついずい》外交を非難するが、では一体それ以外にどのような外交ができるのか。

いまの日本は、そのときそのときの問題をお金で解決してきた家庭に似ている。最後には大きな社会問題を起こす。

夫婦が問題を抱えている、子供が心理的に問題を抱えている、それなのに、その現実に向きあわないで、家族旅行に行った、ディズニーランドに行った。

そのときの問題から目をそらして生きて、最後には大きな社会問題を起こしてしまう。現実をケアしなかった。

現状脱皮の第一歩

日本は、大きな犯罪を犯した「まじめな少年たち」と似ている。彼らは親に認められようとして努力して自己喪失《そうしつ》し、挫折《ざせつ》した。

日本は世界に認められようと「欧米に追いつき追い越せ」と頑張《がんば》りつづけた。「来た、見た、勝った」式に言えば、日本は「世界に登場した、頑張った、自分を見失った」である。

あるいは日本は、スチューデント・アパシーの学生のようなものである。親から認められたくて勉強してきたけれども、社会性が身についていない。そして最後には無気力になる。

「追いついた」と言っても、それは所詮《しょせん》経済だけの話。その経済の数字の中には生活の快適さとか心理的成長というものは含まれていない。

いま日本に必要なことは、私たち日本人は国としてのアイデンティティーを確立できないでいるということを素直に認めることなのである。

そこから第一歩が始まる。国としての自信のなさを認めることなのである。

かつて一九六〇年代、七〇年代に「疎外《そがい》」という言葉を使わなければ議論できないほど「疎外」という言葉が流行した。

あの学生運動の激しい時代、一日に何度自己疎外という言葉を使ったであろう。たしかにあの当時、私自身、真の自分として生きることがなかなかできていなかった。つまり自己疎外されていた。

しかし考えてみると、自己疎外されていたのは個人としての私ばかりではなく、日本という国もまた自己疎外されていたのである。

日本は常に理想化された日本像、栄光化された日本像が先に立ち、「実際の日本」が考察されなかった。

そしていまだにこの栄光化された日本像のほうが「実際の日本」よりも、より現実感がある。

こうあって欲しいという願望を日本という国に外化して、そうだと思っている。「実際の日本」を見ていない。願望を外化した歪んだ日本像を「実際の日本」と錯覚《さっかく》している。

極端な言い方をすれば、カルト集団の成員が教祖《きょうそ》に自分の願望を外化して、教祖を偉大な神に祭りあげてしまうように、日本を偉大な国に祭りあげようとしている。

カルト集団の成員は教祖を見ているのではない。教祖を通して自分の心の中の願望を見ているのである。

日本の政府は常に栄光化された日本像の実現に向けて努力してきた。しかし「実際の日本」の可能性を実現することにエネルギーを使ったであろうか。

これこそカレン・ホルナイの言うノイローゼ患者のエネルギーの使い方である。自己実現にエネルギーが使われるのではなく、理想の自我像の実現にエネルギーがシフトしてしまう。

このエネルギーのシフトは個人の場合には、カレン・ホルナイは個人の全生活と全発展の変更であると述べている（"Neurosis and Human Growth" W.W.Norton 1950 P.24)。

栄光化された日本像を実現しようとする政治権力の行使によって、日本人の心はますます荒廃《こうはい》に向かっている。日本の本来のあり方と違った方向へと日本は発展していってしまう。

それを国際社会で信頼される国のように振る舞おうとするから無理をして、国民は心理的に疲弊する。

うつ病の増加だ、ひきこもりの増加だと困っているいまの日本のありさまで国際社会での信頼を望むこと自体が無理なのである。いまのような自己中心的な日本が世界の平和に貢献するなどと考えること自体がおかしい。

きちんと議論をして憲法を改正して、自衛隊を他国と同じように派遣《はけん》できる国にまでなったら派遣したらいい。そのときに国際社会からそれに相応《ふさわ》しい尊敬を勝ち得るであろう。いまの状態では他国の軍隊が命の危険を冒《おか》して崇高《すうこう》な任務についても、わが国の自衛隊はそれができない。ごまかしにごまかしを重ねて無理をして、何とか一人前の国家のような顔をしようとする。

子供が家庭内暴力を起こしたり、病気になっているのに、隣の家の家庭内のことに相談に乗っている人がいる。

自分の子供が愛情に飢《う》えているのに、ボランティア活動をしている母親がいる。自分の親が高齢で介護を必要としているのに、それをほったらかして「外国の貧しい人々を助ける」と勉強をする若者がいる。

いまのままの日本で世界から信頼されようとするのは、ノイローゼ患者の態度である。世界から信頼されようと努力するのではなく、日本が信頼されるような国に変化する努力をすることが第一である。

信頼されるか信頼されないかは結果であって、目標ではない。

日本人の忘れ物

日本人は第二次世界大戦の敗北で自信を失ったと言われている。価値観が一八〇度変わり、人々は自信を失ったという。

しかしそうではない。敗戦によって日本人の自信のなさが表面化しただけである。大戦前も自信はなかった。

それが外国との海軍力の差を異常に気にしたということである。

日英同盟に沸《わ》いたのは、劣等感の裏返しとしての優越感である。

第二次世界大戦後は「自由主義世界三本の柱」と優越感を持っていた時代があった。

日本は平和主義ということにアイデンティティーを求めたようである。しかしこれは平和のために何かをするというのではなく、単に手っ取り早くて犠牲が少ないからである。単に平和、平和と唱《とな》えていればいい。

日本は一体、世界の平和のために何をしてきたか。

平和、平和と叫び、軍備に反対する「平和主義者」はガンジーやキング牧師になれるだけの覚悟はできているのか？

それでは日本のアイデンティティーはどこに求めればいいのか。そのときにヒントになるのが、よく皮肉として言われる「日本は世界で成功した唯一《ゆいいつ》の社会主義国」という言葉である。

なぜ日本だけが「社会主義国」として成功したのか。

それにはそれなりの理由がある。何の理由もなく日本だけが成功するわけがない。そこに日本人に適合した心理が隠されていたのではなかろうか。

それは年功序列や終身雇用や企業内組合に見られる、運命共同体に象徴されるような心理である。

献身価値が他の諸価値に比べて優位に立つ国ということである。他人への思いやりである。

日本のアイデンティティーが年功序列であり、終身雇用であっていい。ところがそれらの弊害《へいがい》が大きくなっていた。だから誰も、これはそのままでいいとは思わなくなった。

そして、ここが問題なのだが、年功序列を改善すべきところ、成果《せいか》主義、成果主義と騒いで、まるで年功序列が悪いことのようになってしまった。改善ではなく廃止に向かってしまった。

おそらく日本は、皮肉交《ま》じりに言われる成功した唯一の社会主義国を目指すべきであった。誤解のないように書いておくが、私は社会主義は間違っていると確信している。

日本が目指すべきは競争と協調の文化である。いままではあまりにも協調が行きすぎてバランスを失った。悪平等が言われるようになっていた。

あまりにも競争原理が機能しなくなっていたときに、タイミング悪くグローバリズムが言われだした。

怠《なま》け者やずるい人が甘い汁を吸っている社会になっているときに、グローバリズムが言われる時代になった。

まじめに働く者が虐《しいた》げられて、怠け者がいい思いをする社会になりはじめていたときにグローバリズムが言われだした。

もしこの時期に日本にアイデンティティーがあったら、ここまでグローバリズム、グローバリズムと人々が唱えるようにはならなかったろう。

グローバリズムが言われたときに、日本の思いやりの文化を主張しなければならなかった。いまからでも遅くはない。

人種のるつぼと言われるように異質な社会を運営するアメリカの文化と、同質な社会を運営する日本の文化が同じ原理で運営されることはない。

私たち日本人は、自分の社会の特質を忘れた。

アイデンティティーがないから、国際社会の中で私たち日本人が占《し》めるべき最善の位置を見失った。

そこで、より優越した地位へと頑張るしかなかったのである。

最高の位置と最善の位置の違いがわかっていない。

体裁を整えることばかり考えて

いまの日本の「何が何でも経済成長」を達成しようとするのは、日本の問題を神経症的に解決しようとする姿勢である。

神経症的解決とは、心に葛藤を抱えている人が、理想の自我像の達成、自己栄光化によって自らの心の葛藤を解決しようとすることである。

人は本来心理的成長をすることで、心の葛藤を解決できるし、人と親しくもなれるし、社会性も身につく。

しかし、人は必ずしも心の葛藤から来る不安を心理的成長で乗りきろうとするわけではない。

人間関係がうまくいかないときなどに、人に優越することですべてを解決しようとする人がいる。不安から来る社会的不適応を優越で乗りきろうとする人もいる。不安を解決するのに、人に優越する道を選ぶ人がいる。

それをカレン・ホルナイは神経症的解決と呼んでいるのである。優位すること、そのことが重要だというのは神経症的野心《やしん》である。

そうした意味でカレン・ホルナイは、理想の自我像の達成を包括的《ほうかつてき》神経症的解決と述べている（“Neurosis and Human Growth” W.W.Norton 1950 P.23）。

いま理想の日本国家像と現実の日本国家とがあまりにも乖離《かいり》している。その乖離を一気に経済大国とか経済的繁栄ということで解決しようとしている。その解決の仕方が神経症的解決というのである。

理想の日本国家像は国際社会の中で重要な役割を果たし、国際社会の中で諸国民から尊敬と信頼をかち得る国家であろう。

しかし「実際の日本」はそうではない。そもそも国のアイデンティティーの確立もなければ、国民は心理的病の蔓延《まんえん》で疲弊《ひへい》している。

経済的繁栄などではとても解決できないことが山積している。それを経済大国ということで取り繕《つくろ》うとしているにすぎない。

ようするに、いまの日本は、体裁を整えることにエネルギーを使っている状態である。

体裁を整えることばかり考えるから、やることなすことがすべて中途半端である。

中途半端というのが、個人でも組織でも最悪である。

経済的繁栄で解決できないこと

いま日本社会が陥っているうつ病の増加などは、経済的繁栄で解決できるものではない。

うつ病の低年齢化が、不登校が、ひきこもりが、アルコール依存症が、ギャンブル依存症が、学級崩壊《ほうかい》が、子育てノイローゼが、性行為の低年齢化が、援助交際が、家庭内暴力が、過労死が、家族の絆《きずな》の崩壊が……数えていけばきりがないあまたの問題は、経済成長で解決できるものではない。

逆に経済的繁栄を優先させる政策が、これらの社会病理を深刻化させている面がある。そうした側面を無視できないのである。

個人破産が二〇〇二年度は二一万人にのぼり、五年前の三倍になったとか、生活保護の受給者が一九九五年度以降毎年増加し、二〇〇三年二月の時点で人口比率で一パーセントになったとかいうことは社会保障で解決へ向かうだろう。

しかしその根底には、家族の絆の崩壊がある。

虐待《ぎゃくたい》などで親元で暮らせない「要保護児童」の数は二〇〇五年三月末で三万五七九二人になる。これも前年比で一〇九一人の増加である。

このようなものは経済的繁栄で解決できるものではない。経済的繁栄で虐待や離婚が少なくなるわけではないだろう。

心の病の問題は、経済的繁栄で解決できるものではない。

東京都福祉局が二〇〇一年度にまとめた児童虐待白書によると、児童虐待の相談件数は一二四二人でこの一〇年間で一五倍となっている。これが経済的繁栄で解決できるであろうか。

経済的繁栄で少年の不良行為等による補導の数が減るだろうか。経済的に繁栄しようがしまいが彼らは深夜に徘徊《はいかい》するだろうし、飲酒をするだろう。

家族扶養《ふよう》指数というのがある。一人の高齢者を何人の中年女性が介護するかということである。六五歳から八四歳までの高齢者を、四五歳から五九歳までの女性の数で割ったものである。

それが一九九〇年には一・三〇であったが、二〇一〇年には〇・六五になるという。そして、二〇〇五年は〇・七七で、世界最低の水準になると予測される（小川直宏「見直し迫られる老後サポートシステム」――「時局」二〇〇三年七月号）。

もし家族の強い絆があり、生産性が高ければ、世界一の高齢化社会はそれほど恐ろしいものではない。

しかし日本は労働の生産性が先進七ヵ国中最低であり、さらに重要なことは家族の絆が世界で最も壊れていることである。

もし日本経済が潜在成長率二パーセント強を達成したとしても、悲劇的結末が待っている。

総務省が国勢調査の速報集計結果を六月三〇日（二〇〇六年）に発表したので、七月一日は、どの新聞も世界一の少子化と世界一の高齢化の記事をのせている。

少子化だけではない。世帯規模が統計を取りだした一九六〇年から減りつづけている。統計を取りはじめたときには、四・一四人であったものが、今年は二・六〇人である。

そして高齢者の一人暮らしが急増している。これは社会の孤独を象徴している。

そして厚生労働省の全国家庭児童調査から子育ての記事が載っている。子育てに自信が持てないと悩んでいる人は約二割だという。それよりもその割合が増加しているということに注目しなければならないだろう。前回調査の四年前よりも七パーセント増加している。

ようするに心理的に社会はどんどん悪化していっているのである。

ところがその日の新聞は、たとえば日本経済新聞を見ると次のようになっている。

まず失業率が四・〇パーセントに改善されたという記事、さらに「景気拡大『バブル超え』確実」である。

まさに経済が栄えて、心が滅《ほろ》びていくありさまをよくあらわしている。

日本の家族の心理的崩壊は世界で最も酷《ひど》い。

日本の若者は諸外国に比べて家の手伝いが最も少ない（中里至正、松井洋編著『異質な日本の若者たち』ブレーン出版　一九九七年）。

「ああ、お父さまが帰ってくる、玄関をきれいにしよう」で子供に父親を敬《うやま》う気持ちが出てくる。玄関拭《ふ》きで親を敬う気持ちが出る。

「あなたはどんなときに生きがいを感じますか」という質問に、「家族といるとき」という答えは次の通りである。

日本の若者は世界最低で、二一・三パーセントである（日本の青年「世界青年意識調査」第四回報告書　総務庁青少年対策本部　一九八九年　六七頁）。アメリカは七七・八パーセント。

家族といるときに生きがいを感じないということは、何よりも家族の中で心の絆を失っているということである。当然のことながら、家族の満足度も世界最低である。

いまの格差病社会の問題は、格差が広がっているということではなく、経済的繁栄によってもたらされた問題が経済成長によって解決できないということである。

いくら経済的に繁栄したところで、援助交際はなくならない。少年少女の心の病を象徴する援助交際は、心を無視して経済的繁栄に狂奔《きょうほん》した政治経済社会がもたらしたものである。

さまざまな心理的退廃《たいはい》をもたらしたのが経済最優先の結果としての格差病社会である。

もう一度言うが、格差社会の格差が問題なのではなく、経済最優先の政策によってもたらされている心理的退廃が問題なのである。

お金持ちが目標？

大切なのは、国民全体が生活レベルを落とすことである。一人が落とすのはむずかしい。そこで、お金のいらない社会が心豊かな社会だという価値観をつくることが大切になってくる。

若い女の子がブランド物を着てみたり、若者がグリーン車に乗ったりということが、少し前のデフレ不況の中でさえ平気で行われている。

若い女の子がブランド物を着ることは恥《は》ずかしいことであり、グリーン車に乗る若者などは最低の若者であるという価値観が大切なのである。

若者は粗衣粗食《そいそしょく》が当たり前という風潮ができなければならない。

世界の中でも例を見ない援助交際である。援助交際をしてブランド物を買っている。

何よりも大切なのは経済偏重《へんちょう》の風潮をなくすことである。

とにかくいまの日本は心を大切にする教育をしていない。

教育の目的までもが産業の発展に貢献できる人材の育成になってしまった。心豊かに生きる人をつくるのではなく、人材育成は常に「お金もうけ」のための人材育成である。

これが問題の根源である。

規制緩和《きせいかんわ》そのものが望ましいとしても土壌を無視して規制緩和をすれば、その結果が拝金主義になってしまう。その風潮が問題なのである。

少年院から出所し反省している者を白い目で拒絶し、立ち直りを阻害《そがい》しながらも、逆に経済的犯罪を犯した者を英雄扱いする。

メディアがマネーゲームの勝者を扱う姿勢は大問題である。

多くの若者はお金が人生の価値と思いながらも、お金持ちになるという目標を実現する手段に欠けている。そうなれば社会は混沌《こんとん》状態になるだろう。

それがいまの若者のフリーター、あるいはひきこもりやニートなどの非社会性の原因の一つであろう。

生産的に社会に適応できない若者は反社会的になるか、非社会的になるだろう。

構造改革そのものが問題なのではなく、いや構造改革そのものは望ましいのだが、その過程でお金が最高の価値という社会的風潮が生じたことが問題なのである。

この風潮のマイナスは構造改革のプラスよりも大きい。構造改革を断行する者は、「この風潮は我々の志すところと逆である」と叫ばなければならない。

ところが逆にマネーゲームの勝者を規制緩和の成果と持ちあげた。その彼らの無知と人間性が問題なのである。

大切なのは若者たちに経済以外の価値を教え、体験させることであろう。お金持ちになること以外にもたくさんおもしろいことがあるのだということを、できれば体験から教えることである。

それには自己実現の機会を与えるしかないだろう。

そのためには大人が若者の個性を認めるということと、偏差値《へんさち》教育の是正である。

若者が意欲的になっていなければ、自己実現の機会がその機会にならない。若者を意欲的にするためには、それぞれの個性を認めるというのが最も確実な方法である。

さらに社会との関わりを持たせるために、就職の機会、ルートを広げることである。ただ就職の機会を広げても若者自身の自己蔑視がある限り、その効果は半減する。

したがって何よりもまず必要なのは、若者が自分に自信を持てるようにすることである。そのために若者を評価するいままでの視点を大人が変えることしかないだろう。

そうすれば、若者にとって就職の意味も変わってくる。「みんな知ってるいい会社」が最善ではなく、自分にとってどの仕事がいいのかを若者が判断できるようになる。

再生のシナリオ

いまの日本政府の経済大国へ向かっての努力を見ていると、教育ママを想起させる。教育ママは子供の現実を無視する。

同じように、内閣は国民の現実を無視する。

いまの日本の実力や適性から考えて、無理なことを実現しようと努力している。教育ママが子供の現実を無視して、子供を有名大学に無理矢理合格させようとしているようなものである。国連の常任理事国になろうとする努力は何なのか。

それは勉強が不得意な子を東大に入れようとしているようなものである。

自己蔑視すると人は強迫的に名声を追求する、とカレン・ホルナイは言う。その通りであろう。

サミットに参加できて喜んでいるのは、有名大学に入って喜んでいる母親と似ている。経済的に成功した成金《なりきん》が、社交界に憧《あこが》れるようなものである。

この世界第二位の経済大国という神経症的自尊心を捨てることが、何よりも必要である。これなしに日本の明日はない。

「近所づきあいに満足している」かについてアジア一〇カ国の調査がある（東京大学猪口孝研究室の調査をもとに　二〇〇三年一二月三〇日、読売新聞朝刊）。

マレーシアの八八パーセントなど、多くの国は八〇パーセントを超えている。ところが日本は三三パーセント。

「自分が住んでいる国の国民であることを誇《ほこ》りに思う」については、六五パーセントで、日本は最低。

経済がクラッシュするというのは、個人の人生にたとえると、霞《かすみ》が関《せき》の官僚が自殺するときと同じである。

世界第二位の経済大国に執着《しゅうちゃく》するのを捨て、生活レベルを落とし、給料が安くなり、物価も下がれば自然と円安になる。

政策的に円安にしようとしているところが、問題なのである。ほうっておいても円安になれば、ほうっておいても外国資本は株式市場に入ってくる。

実力相応に生きれば、日本の再生はある。

橋本内閣以来、歴代の内閣の経済戦略会議のようなものでは「日本は自信を持て」と言う。欧米に追いつき追い越したのだと言う。

そうではない。逆である。「日本は自分を見失ってはいけない」ということである。

日本の実力から考えて、経済的に大きくなりすぎた。教養がなくてマナーが悪い成金を世界は尊敬しない。図体ばかりが大きくなって真の実力がともなっていない人を、人は尊敬しない。真の実力とは心理的な豊かさをも含めての実力である。

予備校化した社会に生きる人間

日本人全体が「偽《いつわ》りの自己」となってしまっている。

情緒的成熟の結果としての自律ではなく、不信感の結果としての自律である。

サミット等に出席できなくても、子育てノイローゼのない国、ネット心中のない国のほうがいい。

人々がイライラしていない国のほうがいい。

一般的にいまの日本は人々がイライラしている。

駅や電車内での暴力事件数は一九九九年に約五〇〇件くらいだったものが、二〇〇一年には約一〇〇〇件になっている。飛躍的に増加している。

イライラした敵意が渦巻《うずま》いているということであろう。

日本民営鉄道協会が二〇〇二年に実施したアンケート調査では「駅や車内での暴力・痴漢・破壊行為」を「いつも不安」と感じている人は、一六・三パーセント、「ときどき不安」は六六・九パーセント（二〇〇四年一月一日付朝日新聞朝刊）。

駅員や乗務員への暴力も年々増加している。「日本民営鉄道協会（民鉄協）は七月、二〇〇〇年以降に大手私鉄一六社の社員が被害を受けた暴力の件数を初めて分析した。二〇〇〇年の七二件から五年連続で増加し、二〇〇五年はほぼ二倍になった」（二〇〇六年七月一五日付朝日新聞夕刊）

イライラの原因はそう簡単にわからないが、人々が欲求不満になっていることは確かだろうし、「理想の自分」と「現実の自分」の乖離に苦しんでいるのだろう。

いつもイライラしている人は自分自身に対して怒っているのである。自分が自分にイライラしている。するとまわりの人の言動にイライラする。

新商品を出しても、出してもヒットしない。それなのに同業他社は次々とヒット商品を出している。そこで企画部長は焦《あせ》っている。ヒット商品を出せない自分にイライラしている。そこで部下の言動はもちろん、仲間や家族や果てはテレビの解説者の言葉にもイライラする。

自分のことを考えて、仕事を少なくするようにと言ってくれる人にさえイライラする。自分の体のことを考えて忠告してくれる人にさえイライラする。

最後には会う人、誰に対してもイライラする。駅の構内ですれ違った人にもイライラしている。でも全体として見れば経済は繁栄し、街はネオンで華《はな》やいでいる。

第二次世界大戦後の日本が目指したのは「平和と繁栄」であるが、それが間違って解釈された。そのことも、いまの日本の社会病理の一つの原因である。

「繁栄」では経済最優先が当たり前となり、心を含めた繁栄という考え方ではない。繁栄は人の心を豊かにする繁栄ではなくなった。経済がすべてという考え方をする人が、日本社会の主流となった。

平和憲法は非現実的な理想である。それはまさに理想である。それが理想ということをしっかりとわきまえた上で現実の対応をしなければならないと私は考えている。

「存在と当為《とうい》の乖離」に悩むのがうつ病者であるが、うつ病者にはエネルギーがない。

国も同じこと。当為ばかり主張している国はエネルギーのない国である。神経症者は自分のためのエネルギーがない。

現実を受け入れるのは、エネルギーのある人。

いまの日本は経済的繁栄で自分の位置がわからなくなっている。経済的繁栄を求めて日本の社会全体が予備校化した。それは社会全体が機能集団化したということである。

偏差値教育の最大の問題は「人間の格」をなくしてしまったことである。予備校化した社会は、人間を機能だけで判断するようになってしまった。人間の格ということを理解しない人を大量に生みだしてしまった。

長年にわたって人生の重荷を背負いながら生きてきた人と、人を利用しながら生きてきた卑怯《ひきょう》な人を同じ人間として扱いだした。

最後に大国のむなしさを示す数字をあげておきたい。一一歳から一五歳までの生徒の調査である。

「自分のクラスのほとんどの生徒は親切で困れば助けてくれる」この質問に賛成する生徒

の比率である（Richard Laynard "Happiness" The penguin Press）。

世界八ヵ国の比較であるが、大国のアメリカ合衆国、ロシア、イギリスは、この順に、五三パーセント、四六パーセント、四三パーセントである。

それに対してスイスやスウェーデンなどは、八一パーセントと七七パーセントである。

子供たちがお互いに信頼できない社会と信頼できる社会の質の違いは大きい。この点から見れば、大国よりも小国のほうがはるかに質の高い社会である。

もちろん土壌が異質な国と同質な国とを単純に比較して、政策の評価をしているのではない。国が大国であればそれで住みよいというものではないと言いたいだけである。

大国であるということと快適な生活とが有意な相関関係を持っているわけではない。

いま日本がしようとしていること

右脳に脳卒中を経験した老人は左の前頭葉《ぜんとうよう》が活発になり、病気回復後気分が軽くなったと報告するという。そして、脳溢血《のういっけつ》が左脳の場合には病気前に比べて緊張し悩むことが多いという（Jerome Kagan "Born To Be Shy? State of Mind" John Wiley & Sons. 1999 P.43-44）。

著名な脳学者リチャード・デビッドソンは、三歳の子供を抑制的タイプと非抑制的タイプに分類し、抑制的タイプは前頭葉領域で右脳が左脳に比べて活発だという研究をした。非抑制的タイプの子供は左脳の前頭葉が活発だということを発見した。

彼は同時に、脳の活動は数年間安定しているということも発見した。

つまり三歳のときに抑制型だった子供は七歳になっても抑制的であるという。実験では七歳の子供が飛びあがって頭の上の膨《ふく》らんだ泡《あわ》を突いて弾《はじ》けさせることを求められた。

非抑制的、つまり左脳タイプは活発に飛びあがりよく笑った。しかし抑制的、つまり右脳タイプは躊躇《ちゅうちょ》し抑制してできないし、かろうじて爪先《つまさき》立った。

リチャード・デビッドソンによると、この左脳と右脳の活発さの違いと、陽気な人とそうでない人の違いは大人になっても同じだという。

自分の持って生まれたものに逆《さか》らって生きることは、潮の流れに逆らって泳ぐようなものである。目的地に辿《たど》り着く前に疲れて溺《おぼ》れてしまう。

これがいまの日本がしようとしていることである。

努力することは望ましくても、適性に逆らった努力をすることは望ましくない。無理な努力をするとは自分の気質を曲げて生きることである。

うつ病の病前性格と言われるメランコリー親和型の人についても同じである。もし前出のジェローム・ケイガンに従えば、メランコリー親和型の人は抑制的タイプの人々である。

「秩序の境界の内に閉じ込められているメランコリー親和型の人にとって、危険を引き受けたり、不確実な事態へと飛び込んだりすること以上に勇気を要することはないだろう」（テレンバッハ『メランコリー』木村敏訳、みすず書房　一九七八年　二一八頁）

これはパウルというメランコリー患者の症例に関して述べられた文章である。

彼は一定範囲の仕事だけを持つ主義であった。

持つ主義というよりも、それが彼の生まれ持った気質に合っていたということである。彼の念頭にあった職業は大した独立性を要しない技術職であった。

しかし父親はそうではなかった。彼は父親の会社を手伝う。そして、父親の会社が人手に渡ったときに彼は「重荷から解放された」ように感じた。

もし彼が違った種類の人間だったら、このときに悔《くや》しくてそれを取り戻そうと決心するだろう。

同じことがある人にとっては「ほっと」することであり、別の人にとっては「悔しいこと」である。

しかし彼の母親は父親と同じタイプの人であったらしく、彼にもう一度事業を始めるように求めたという。

こうして彼は病に陥っていくのであるが、母親にすれば「なんで息子はもう一度事業を始めようとしないのだ」と思ったであろう。母親は自分の息子をダメな男と思ったかもしれない。ふがいないと思ったであろう。

しかし彼はダメな男ではなく、「万事が完全に整っていないと気のすまない人であり、なにかうまく行かないことがあると、どうしてよいかわからなくなるのだという」（前掲書　二二〇—二二二頁）。

同じ本に「これはからだにしみついていて、どうにもならないことなのです」（前掲書二一八頁）という文章が出てくる。

まさに本人にしてみればどうにもならないことなのだろうが、端《はた》から見ると「どうにもならないこと」ではない。「秩序に対するこの特異的なかかわりは、自己を秩序の限界の中に閉じこめることとして現れてくる」（前掲書　二一八頁）

このような人に、「世界は広いのだから、若いうちに、もっと大きく羽ばたけよ」などとアドバイスするのは間違いである。このようなアドバイスを若者にすることが一般的に正しいとしても、相手を見ないですることは間違いである。

未知の未来に向かって大きく羽ばたくことがその人の素質に合っている人もいれば、その人の素質には合わない人もいる。ベンチャー・ビジネスに向いている人もいれば、向いていない人もいる。

メランコリー親和型の人にとって自分を閉じこめた「この空間は、ほとんど変更不可能な境界線によって囲われている」（前掲書　二一八頁）のである。

「そんなことでは人生の先が見えていて何のために生きているのだ」とか、「もっと若者らしく生きなさい」とか言うことは間違いだろう。

先が見えていることで安心する人もいれば、先が見えていない中で「生きている興奮」を感じる人もいるのである。

ある人にとって「よい環境」は、別の人にとって「悪い環境」であるかもしれない。

雑草は自分の生きる道を知っている

小渕《おぶち》首相の時である。その諮問《しもん》機関である経済戦略会議答申が「日本経済再生への戦略」を一九九九年二月二六日に答申した。

その「おわりに――活力と魅力ある日本の創造に向けて」の中で、「改革の断行はもはや一刻の猶予《ゆうよ》も許されず、国民一人一人が意識改革と自己革新を行うことを通じて新しい日本を構築していかなければならない」という恐ろしい文章が書かれている。

この「日本経済再生への戦略」は個々の経済政策は別にして、基本的発想は「日本人を燃えつきさせるための戦略」である。

つまり、なぜ日本人は若者から大企業の経営者までモラルが低下してしまったのかという原因を考えないで、「このような歴史的転換期に直面するわが国にとって、現在のような逆境はむしろ未来に向けての絶好のチャンスと受け止めるべきである」と言っても意味がない。

だいたいいまの日本ほど「大変化、大変化」と騒いでいる国民も珍《めずら》しいのではないだろうか。現実にどれだけ変化があるかということと、変化を恐れる気持ちは別のことである。

セイフティー・ネットと言っても、何をセイフティーと感じるかは違う。アメリカ人が安全と感じるものを日本人は安全と感じない。

安全と安心は違う。

一刻の猶予も許されないのは、本来の私たち日本人の気質に戻って前向きになることである。

本来の気質を否定しておいて「前向きになれ」と言っても無理である。小渕内閣どころか小泉内閣に至ってはもう説明不要であろう。

いまの日本に必要なのは、年功序列や終身雇用をバックボーンにして、その弊害をなくすために成果主義を取り入れることである。

まず日本人の本来の気質があり、本来の生き方があり、その上で外国の望ましいところを取り入れるということである。取り入れられるところはできる限り取り入れるということである。

日本人と外国人を丸ごと交換するような発想があまりにも多い。無国籍になることは利己的で無責任になることである。

そのために政治家はもちろん、経営者から労働者まで自己喪失に陥った。だから、名門大企業のスキャンダルが尽きないのである。

無国籍文化の中で人々は才能とお金で勝負するようになった。したがって子育てのような地道な仕事はできなくなった。

いまの日本はウサギがタヌキのしっぽをつけたようなものである。ウサギでもなければタヌキでもない。

雑草でも自分の生きる環境ではいきいきしているが、そうでないところではすぐに枯《か》れる。

雑草は自分の生きる道を知っている。

同質社会の経済と異質社会の経済とは違う。

アメリカで年功序列を取り入れたら、とんでもないことになる。社会は機能しなくなる。

年功序列など、そもそも考えられない社会なのである。それが異質な社会である。

日本は同質社会で、異質社会のアメリカから学ぶべきことは多い。しかし同時に、異質社会なのだからアメリカを手本にすることには慎重でなければいけない。

日本経済が回復するためには日本人が気質的に変わらなければならない。そう言われれば気質を変えて生きるくらいなら、経済的繁栄はいらないと多くの人は思うのではないだろうか。

なぜ現実を見ないのか

日本経済の再生はベンチャー企業でと言う場合にも同じこと。世界でいちばん失敗を恐れる子供がいる日本で、ベンチャー企業による経済の再生はあり得ない。

それなのに政治家や経済学者などの中にはそういう人が多い。

これも外化であろう。現実を見るのではなく、こちらの必要性で現実を解釈する。こちらの願望で相手を見てしまう。「こうあってほしい」が先に立つ。

相手を魔法の救助者にしてしまう。相手にない能力を、こちらの心の必要性から、相手に、付与してしまう。

それは極端に言えばカルト集団の信者と同じである。カルト集団の信者は教祖を魔法の救助者にしてしまう。ない能力を教祖に付与してしまう。

いまテレビに出演している経済学者たちの言うことを聞いていると、「この人たちはほとんど外化の心理で日本経済を論じている」としか思えないことが多い。

日本の若者にベンチャー企業の能力を付与してしまう。

自分の夫に自分の心の中の願望を外化している女性は多い。この女性は現実の中で生きられないから、現実から目を背《そむ》けているだけである。

「私の夫は理想の夫、一二〇点満点、浮気など決してしません」と言っていた奥さんが、夫の愛人に子供がいたことを知って衝撃を受ける。現実を認めざるを得なくなって、泣いてわめいてテレフォン人生相談などに電話をしてくることがよくある。

のべつまくなしの平和主義者は、夫の現実を見ないで、自分の心の願望を夫に外化して、現実には愛人に子供までいる夫を「私の夫は理想の夫、一二〇点満点、浮気など決してしません」と言っている女性のようなものである。

日本の似非《えせ》平和主義者は、世界の現実から目を背けているだけである。「こうであってほしい」という願望と、こうである世界の現実とを錯覚している。

ライオンをウサギであってほしいと思ってみれば、殺される。ライオンはライオン。

普通の人で戦争を願っている人などいない。誰だって戦争は反対である。

第四章　ホモ・パチエンス

「成功と失敗」「充足と絶望」

ホモ・ファーベル（Homo faber＝働く人間）、それは成功を目指す人、「成功と失敗」の範疇《はんちゅう》でしかものを考えられない人である。

ホモ・パチエンス（Homo patiens＝苦悩する人間）、それは最もはなはだしい失敗においても自らの生を充足できる人であり、「充足と絶望」という範疇で生きている人である。これはフランクルの主張である（『神経症』「フランクル著作集第５」霜山徳爾訳、みすず書房一九六二年　四〇頁）。

フランクルは、次元的にホモ・ファーベルよりもホモ・パチエンスが優位であるという。

フランクルは、「成功と失敗」という軸《じく》でしか生きていない人から見て業績でないものが、実は「充足と絶望」という立場から見ると、つまり「苦悩する人間＝ホモ・パチエンス」という立場から見ると、人間としての立派な業績であり、それが最高の行動でもあるのだと説明する。

フランクルは、創造だけが現存在に意味を与えるのではないと言う。また体験し、出会い、そして愛することだけが人生を意味あるものにするのではないと言う（『精神医学的人間像』「フランクル著作集第6」宮本忠雄・小田晋訳、みすず書房　一九六一年　五七頁）。

人生を、「成功と失敗」という価値観の軸だけで生きているホモ・ファーベルの面だけで考えれば、人生はむなしい。成功した人もいつかは滅《ほろ》びる。この世の成功はむなしい。咲いた花もやがては枯《か》れる。

ホモ・ファーベルという視点から考えれば負け組の人も、ホモ・パチエンスという視点から考えれば勝ち組になるかもしれない。

人から地域まで「勝ち組・負け組」と騒ぐが、所詮《しょせん》は経済的に勝ったか負けたかということだけである。○○ファンドなどと言って、勝った人の大きく見開いた目の中に不安を感じ取る人はいないのだろうか。

不安に怯《おび》えた勝ち組がいるということが、どうして理解されないのだろうか。勝っても幸せではないように見える。

彼らは勝っても勝った気がしていない。ただ見返したという気持ちなのではないだろうか。視点を変えれば、楽しかったら勝ちなのである。

その視点から「勝ち組・負け組」を考えるとどうなるか？

楽しくて仲間をつくって何かをしようという人もいる。夢がある。そういう人は「貧乏でも楽しいよ」と言う。

ホモ・ファーベルの悲劇

生きることの意味を考えないで、ひたすら金もうけに走った第二次世界大戦以後の私たち日本人は、ホモ・ファーベル以外の何ものでもなかった。

バブル経済崩壊《ほうかい》以後の苦悩は、金もうけに狂奔《きょうほん》したことに対する罰《ばつ》である。人間には意味を求める意志もあるのだ、というホモ・パチエンスの面を一切忘れた天罰である。

それが大企業の経営者のモラルの低下となってあらわれてきた。市場原理が叫ばれ、経済的合理性が声高《こわだか》に叫ばれる中で、経営者は精神的な誇《ほこ》りを失ってきたのである。

その結果として、いままでには考えられないような大企業の不祥事《ふしょうじ》が次々と表面化し社会を驚かせる。モラルなき市場経済というのが、ここまで経営者に誇りを失わせたのかという驚きである。

もともと自由主義経済思想の父アダム・スミスだって、モラルがなくて何をするのも自由でいいなどとは考えていないし、言っていないだろう。

いまの日本の抱える矛盾《むじゅん》は、自由主義は競争原理としての自由主義ばかりではなく、価値としての自由主義という側面を持つことを忘れて、経済の繁栄《はんえい》に熱狂した私たち日本人の愚《おろ》かさのツケである。

バブル経済が終わってこのような傲慢《ごうまん》さが私たちになくなったかというと、そうではない。電車の中で化粧をしている女性が「誰にも迷惑かけていないからいいでしょう」と言う。こうした非社会的な人が増えた。

コミュニケーションが崩壊し、共通感覚が失われてきたあらわれである。

そしてその発想こそ人間の尊厳を考えていない発想なのである。人間には、単に生きるだけではなく、尊厳を持って生きるという課題がある。

行き詰まりの方程式

歴代内閣の中で経済成長をいかに達成するかしか真剣に議論されないのは、私たちがホモ・ファーベルということでしか人間を考えられなくなっているからである。

人間はホモ・ファーベルで、ホモ・パチエンスの部分がないと私たちはいつのまにか錯《さっ》覚《かく》していた。

いまの私たち日本人は、日本がもう一度とてつもない経済的成功をすることでしか自信は持てないと思っているようである。

私たちは時代の騒がしさに負けて自分を見失っているから、いま話したように、もう一度経済的成功をすることでしか自信を持てないと錯覚しているのである。

そして、その錯覚をもたらしかねない最近の経済の成長なのである。

しかし、自分の本当の姿に気がつくなら、事情は違ってくる。

ホモ・ファーベルが考える幸せの条件と、ホモ・パチエンスが考える幸せの条件は違う。

第二次世界大戦以後の私たち日本人は、人間の尊厳を忘れて生きてきた。コンピューターの操作が上手《うま》い人が、長い間人生の重荷にじっと耐えて生きてきた人よりも価値があると考えて生きているのが、いまの私たち日本人である。

これこそホモ・ファーベルの生き方、考え方である。

そうした気持ちで生きていると、人生はいつか行き詰まる。大企業の不祥事も避けられないし、女子中・高校生の援助交際も避けられない。

何をいかにやったか

自分の人生を考えるときに社会的に成功するか、失敗するかという「成功――失敗」の軸のほかに、自分自身がそのことを試みる中で充足するか、充足しないかという軸を持っている人を、「個人」というのではなかろうか。

自己不在の人は、社会的に見た「成功――失敗」の軸しか自分の中に持っていないので、自分の幸福に他人の是認《ぜにん》を必要とする人間なのである。したがって自分のやることをたえず他人に認めてもらおうとし、認めてくれないとすねたり、迎合《げいごう》したり、背のびしたりする。

何をやったか、というのが成功か失敗であり、何をいかにやったかが充足したか、しないかであろう。充足に必要なのは結果ではなく、過程である。

ホモ・ファーベルの生き方、考え方は日本の戦後の経済成長を支えるのには適合した生き方、考え方であった。それが日本人の心をここまで腐敗《ふはい》させた。

しかし、次の時代の課題を解決するには、この生き方は不適合な生き方なのである。

「職場」のほかに「広場」がある

上昇志向の社会、上昇感覚社会とは「成功――失敗」の軸が中心の社会である。「上昇感覚社会から充足感覚社会へ」という流れの中で、その変化に適応できる日本人もたくさんいる。しかし当然自己不在の人にとってはこの適応はむずかしい。

たとえば、うつ病の病前性格者は「現世的職業的ヒエラルキーをその内面にふかく摂《と》りこんでおり、しかもそれ以外の価値志向がよもやあり得ようとは考えられない」（笠原嘉「うつ病の病前性格について」『躁うつ病の精神病理1』弘文堂　一九七六年　七頁）人たちである。彼らは社会には「職場」のほかに「広場」があるということが考えられない。

そして、経済的繁栄を求めて熱狂する社会には広場がない。

うつ病の病前性格者とは「広場」の人間ではなく、「職場」の人間なのである。広場における自分とは、自分のための自分であり、職場における自分とは、他人のための自分である。

自分にとっての自分という存在の意味は、充足価値のレベルで判断され動機づけられる。

自分が画家として成功するかしないかという成功・失敗は、社会的役割としての自分の存在の意味であって、自分にとっての自分の存在の意味ではない。

広場にあって自分は、自分を充足させるべく行動するにすぎない。それこそが広場における自由の主体としての個人であり、自らの遠近法を持った個人ということになろう。

画家として業績をあげ認められるということは、自分にとっての自分の意味ではなく、社会的役割にとっての自分の意味なのである。

絵を描くことを楽しむか楽しまないかは、広場の人間の問題である。

うつ病の病前性格者は、自分にとっての自分の存在の意味がなく、他人にとっての自分の存在の意味しかないということである。だからこそ、自分の幸福が他人に依存してしまっている。

そしてこの発想で「国際社会の中の日本」を考えている。

歴代の首相やそのまわりの諮問《しもん》会議の人たちに聞きたいが、肉体的に健康を害し、心理的にノイローゼになっても、そこまでしても国際社会で認められたいのか。

私の体験からすれば、そうした人たちは国際社会の中で個人としては認められていないと思うが。

最後に広場のない社会における成果《せいか》主義と広場のある社会での成果主義は、人々に対して違った影響を持つ。

ここで言う広場とは現実の広場もさすが、主として心の広場の意味である。

私が、大与党の幹事長がマネーゲームの勝者を「わが息子です」と絶叫《ぜっきょう》することを問題にするのは、このホモ・ファーベルとしての価値観を助長してしまうのではないかと思うからである。

こういう環境の中での成果主義が、人の心を崩壊させるという主張である。

失われた価値観

成果主義、市場主義と言われる中で、何が変わったか。まず価値観である。

日本の経済成長を支えたのは日本社会の献身価値であった。

自らの能力を発揮することを通じ集団へ奉仕するという姿勢や考え方を、日本ほど必要としていた高度工業国もまた少ないであろう。

西欧諸国に比べて経済的に貧しい国であったからこそ、業績をあげることを通じて集団へ奉仕するという献身価値が、日本においては他の欧米諸国に比べて重要なのではなかったろうか。

この点においては、欧米と日本ははっきりと分けて考えなければならない。

欧米型の個人主義はこの点において、日本社会にストレートに適用することはむずかしいであろう。

貧しかった日本は貧しいからこそ業績主義でなければならなかったが、同時に貧しいからこそ各個人が集団への奉仕を必要とした。

しかし、徹底した成果主義の中から奉仕の精神は生まれにくい。マネーゲームの勝者には、集団への献身はないのではないだろうか。

いま成果主義だとか市場主義だとかいうことが強調されることの恐ろしさはここにある。

恐ろしいのは価値の序列の崩壊である。

お金もうけもいいだろう、家族を大切にすることもいい、友情も大切だし、会社で一生懸命働くこともいい、趣味もボランティアも大切だろう。大切なことはたくさんある。

成績がいいことは望ましいことである。

しかし万引きをした子が、「僕は成績が学年で一番なんだぞ」と言ったらどうなるか。これは万引きをした子が実際に言った言葉である。

拝金主義の濁流

何を最も大切にするかは人によって違う。大切なのは価値の序列である。

村上ファンドの村上世彰《むらかみよしあき》代表が逮捕前の記者会見で記者の質問に答えて、「金もうけって悪いことですか？」と言った。テレビを見る限り誰も「悪いです」とはっきりと言っていない。

記者のほうが負けてしまっている。後からいろいろ言われるのは「もうけ方が悪い」という程度である。しかしそのときにはまだ判決も出ていない。理屈を言えば無罪が推定される段階である。

彼の「ルールを守って金もうけすることのどこが悪いのだ」という言葉に誰も「悪い」と言っていない。

私は「悪い」と思っている。

二つのことからそれは悪い。

一つは悪いに決まっている。

社会には個々の合意に先立つあらかじめの合意がある。あらかじめの合意は説明不要のことであり、説明不能のことである。

お葬式に赤のセーターを着ていくのはよくない。

トイレのドアに青が記してあれば男性用であり、ピンクが記してあれば女性用である。

食事中にトイレの話はしない。ここでしゃべっていけない言葉というのがある。適切な話題を選べないのは状況が理解できていないから。

あげていけばきりがない。それが社会の共通感覚である。

経済的合理主義を追求するあまり、「日常の共同生活を規定しているところの暗黙の前提」（ブランケンブルグ『自明性の喪失』みすず書房　一九七八年）を理解しない人が成功者になってしまった。

お互いに言わなくても守っていくことが当たり前のことが社会にはある。「おはよう」と言えば「おはよう」と応える。この「当たり前のこと」がわからない人が成功者になりだした。

「どこが悪いのだ」と言った彼は、共通感覚に欠けている。つまり社会に対する帰属意識がない。

援助交際をする女子中学生が「誰にも迷惑をかけていない、どこが悪いの？」と言うのと同じである。

このようなことを言う人々は他者とのコミュニケーションがない人々である。コミュニケーションという生活の実態がないまま理屈が出てくる。

そこであらためて説明をしなくていいことを説明しなければならなくなった。

経済的繁栄とともに、そうした非社会性の問題が深刻になってきた。

社会にとって最も恐ろしいのは反社会性ではなく非社会性である。反社会性で社会は崩壊しないが、非社会性で社会は崩壊する。

ニッポン放送をめぐるライブドア事件のとき、盛んに言われたのが「違法ではない」ということである。

「違法なこと」は本当に恐ろしいことではない。社会にとって本当に恐ろしいのは「違法ではないこと」である。

次に他の諸価値に比べてお金もうけの価値があそこまで優位することが悪いのである。別の表現をすれば、お金もうけが相対化されていない。

彼の言うことを聞いていれば、お金もうけが他の諸価値に比べて優位していることは確かであろう。「お金もうけのどこが悪いのだ」と言って「むちゃくちゃもうけた」と言っている。

「お金もうけのどこが悪いのだ」ということに対しては、私は繰り返すが「悪い」と思っている。正確に言えば、彼らの価値観の構造が悪い。

お金をもうけることそのことが悪いのではない。その他の価値に比べてお金もうけをトコトン優位にしたことが悪いのである。

そしてそのむちゃくちゃなお金もうけによって一般の人々の価値観の構造に悪影響をおよぼしたことが悪いと言っているのである。

恐ろしいことに日銀総裁がそこに一〇〇〇万円拠出《きょしゅつ》していることである。そしてこれまた「ルールに従っている」と言う。それを首相が問題ないという。

日本のトップを支配している非社会性の恐ろしさを感じた。トコトンの拝金《はいきん》主義である。要するに日銀総裁の行動として、ふさわしくないのである。

餃子《ギョーザ》がおいしいからといって、フランス料理に餃子を一品だけ出す、どこかずれている。パトカーは童謡をながしながら現場に急行しない。サイレンを鳴らして信号を無視していく。パトカーに童謡はふさわしくない。

料理で言えば盛りつけが汚《きたな》い。

首相や日銀総裁の感覚は、食事中に鼻をかむようなことができる感覚である。スイカの種をプイプイと人前で吐く感覚である。

統合失調症の研究者であるブランケンブルグという人の本に、死を間近に控えた娘に誕生日が来たので棺桶をプレゼントした父親の話が載っている。「役に立つ」と言った。もちろん心理的に病《や》んでいる人である。誕生日のプレゼントとしてふさわしくない。

ノコギリでお豆腐を切らない。長年の生活の体験からできあがってきた経験としての「ふさわしさ」というのがある。

社会が経済的合理性を最優先する中で、生活体験の豊かでない人々が日本のトップになってきてしまったのだろう。

いまや日本社会は「人間の基盤としての生活世界を失った」（『自明性の喪失』一七九頁）人たちが成功者となってきた。

いまの日本は、上へ上へと伸びて根を張ることを忘れた木のようなものであろう。台風が来れば倒れてしまう。

トップがここまで価値観として拝金主義で非社会的なのに、一般市民に拝金主義でなくなれと言っても、それは無理である。

彼らの言うことを聞いていると、まるで渋谷で生セラをしている女子中学生が「どこが悪いの？」と言っているのと同じである。

生セラとは女子中学生などが、自分が身につけた下着を高額で売ることである。

私が私のものを売っている。盗んだのではない。押し売りをしているのではない。私の所有物を買いたいという人に売っている。

問題ないというのであろうか。

ついでに言っておくが、東京都はこれを条例で禁止した。

これでは日本のトップに品位がなくなるのも、誇りがなくなるのも当たり前である。とにかくトップの顔が悪くなった。

テレビや新聞でよく見てほしい。いまの日銀総裁の顔のなんと貧相なことか。

何か重荷を背負わされた人が、頑張《がんば》って生きて、人徳が出る。重荷を背負って滅びる人と、徳の人になる人がいる。

何かの重荷を背負わないと、徳の人の顔にはならない。重荷を背負わないと、そういう道には行かない。

いまの日本のトップには徳の人が少なくなった。トップが、楽してお金をもうけようという程度の俗《ぞく》の人になってしまった。

もともとあった拝金主義の価値観を小泉内閣の市場主義、競争主義、成果主義等々の価値観と政策が、私たちみんなをさらに拝金主義にした。

お金がすべて。心が空洞。

こうして日本人は精神的に崩壊していく。

心の荒廃《こうはい》はシロアリ。最後は全部なくなる。シロアリは家を壊す。心の荒廃は国を滅ぼす。

日本の若者が世界で最も拝金主義になってしまったことはすでに述べた。首相から日銀総裁までがこの拝金主義では、それも仕方ない。

昔はトップに徳があったような気がするが、いまはトップに徳がない。そこに年功序列が崩《くず》れる一つの原因があった。

年功序列は年をとった人が徳を積んでいるということが条件である。年をとっても徳を積んでいない人が比較的多くなった。薄っぺらな人が年をとって、社会的に偉くなっている。第二次世界大戦後の教育が間違った。またそういう徳育の教育を受けていない人がトップになった。

年功序列は本来徳の序列である。成果主義では英語にパソコンに交渉術というような技術的なことばかりが先行する。年功序列には成果主義にはないプラスα《アルファ》が含まれている。いままでは社会的に偉い人は徳のある人と見なされていた。経済的に繁栄してからの日本は違う。第二次世界大戦後は拝金主義になって、社会的に偉い人に徳を積んでいない人が出てきた。それら諸々のことから年功序列に対する社会の信頼が崩れてきた。

こうした心理状態の中で日本経済はいま景気拡大傾向を続けており、なんと戦後最長の「いざなぎ景気」を超えようとしている。

「国が滅《ほろ》びてもオレがもうかればいい」というような言葉を聞き、またいろいろなデータを見ていると、日本はお金の濁流《だくりゅう》に呑《の》みこまれて滅びていくのかと不安になることがある。

しかしもちろん希望の数字がまったくないわけではない。

不登校について東京都で言えば、小・中学校は不登校がこの五年間減少している。明るいニュースである。ただその数字は当てにならないという専門家もいる。実際は不登校なのに病欠にされている例もあるという。

新規就農者は一九九〇年から増加を続けている。三九歳以下の若い就農者も増加傾向にある。人材派遣会社の中には農業インターンシップを始めるところがあり、研修生は延べ一〇〇人を超えた（二〇〇六年六月一二日付読売新聞）。

朝早く起きて自然の中で働きだす。そういう仕事に従事しようとする若者がいることは希望である。

しかしこうした希望のデータを探そうとすると、ほとんど見つからないのが現状である。

人生で最も大切なもの

献身価値の優位する社会は、成員に奉仕を要求する。そして他者への献身は、社会的にきわめて高く評価される。

かつては警察官も小学校の先生も、社会に献身する故に尊敬されていた。しかしそうした尊敬がなくなれば、警察官が自分の給料を考えて「なんでこんなことをしているのだ」と思って不思議ではない。

経営者も社会に貢献するから尊敬されるのではなく、業績をあげることで尊敬されるとなれば、伝統的な名門企業でスキャンダルが起きて不思議ではない。

マネーゲームで財産を築く人が尊敬されれば、こつこつ働く人々の志が低くなって不思議ではない。

献身価値が優位する社会も業績本位ではあるが、人々はあくまで業績をあげることによって集団に奉仕しようとする。

そして献身価値が優位していたから、奉仕に喜びがあった。

会社でも学校でも用務員さんには喜びがあった。子供たちも慕《した》っていた。それぞれの人がそれぞれ本来の職務の中でボランティアがあった。

業績をあげたいという動機が集団への忠誠、奉仕の証《あかし》を示したいということである社会と、集団を自分の主体的生活の手段と考える社会とでは同じ業績本位の社会でも異なる。

この価値観が変われば、いっそう「お金、お金」になる。そしてついに、日本の若者は世界でいちばん「人生で最も大切なのはお金」と思うようになってしまった。

なぜ異常がまかり通るのか

巨大与党の幹事長がマネーゲームの勝者を「わが息子です」と絶叫する選挙が行われた。

精神世界のない世俗の世の中の権力が支配する社会でこれを言えば、どうなるか。

心理的に言えば、これはまさに世紀末の世界に墜落《ついらく》する可能性すら持っているのである。

こんな異常なことが行われている世界で、なんで警察官だけが、小学校の先生だけが、まともでいることを期待できるのだろうか。

経済的合理性だけを追求しているのだから、警察官の不祥事が続発してなんの不思議もない。

小学校の先生が教え子の女の子をつけ回してなんの不思議もない。

娘が親を毒殺しようとしてなんの不思議もない。

大新聞をはじめとするメディアがお金の亡者《もうじゃ》を「時代の寵児《ちょうじ》」と騒げば、親が子供の首を絞《し》めて殺してなんの不思議もない。

巨大メディアと巨大与党の価値観が歪《ゆが》んでしまっているのである。そんなときに、なんで市民だけがまともでいることが期待できるのか。

権力と権力を批判する立場にあるメディアが常軌《じょうき》を逸《いっ》してしまったときに、市民に正常であることを求めても無理である。

巨大メディアと巨大与党がこのありさまでは、献身価値を維持することはできない。

業績は普遍主義と結びつくから業績価値となり、個別主義と結びつくから献身価値になる。業績だけが支配する社会での成果主義は、心理的にはきわめて危険である。

アメリカが成果主義、成果主義と言うが、それはあくまでも普遍主義と一緒になった成果主義なのである。

ここが大切なところであるが、献身価値が崩壊し、普遍主義が根づいていない日本で、成果主義を唱《とな》えれば、弱肉強食になる。

第五章　心理的衰退

いかに心の問題が無視されているか

日本人の心理的安定を維持してきた年功序列と終身雇用と企業内組合の三つに代わるものがない以上、メンタルヘルス対策は必要不可欠である。

企業のトップがまず認識しなければならないことは、メンタルヘルス対策は社員の肉体的健康対策でもあるという点である。

心と体の関係についての調査は山ほどあるが、その中の一つにクリストファー・ピーターソン博士の「健康的な態度……楽観的な態度、希望、コントロール」という論文がある。"Mind/Body Medicine"（一九九三年）という分厚い本の中に掲載されている論文の一つである。

この研究は、三五年間にわたる調査プロジェクトであらかじめ集められたデータを分析したものである。このプロジェクトは一九三七年に始まり、心身の健康な男性の一生を追跡調査した。調査対象となった二六八人の男性は、一九四二年から四四年にかけてのハーバード大学在籍者から選ばれた。全員が成績優秀、心身ともに健康、自立心・教養も学生部長の折り紙つきだった。

卒業後は年に一度、職業や家族、健康に関する質問表に回答した。かかりつけの医師が行う定期健康診断の結果もハーバード大学に送られた。

そして予想した通り、卒業生の健康は全般的に年を経るにしたがって悪化していた。最初は全員が非常に良好な健康状態であったにもかかわらず、中には年齢とともに、かなり健康を損《そこ》なった者もあった。

注目すべきは、この研究で一九四六年にものごとの解釈が楽観的と評価された者は、悲観的だった者に比べて後年においてより健康であったという結果が出ていることである。

楽観的な態度と健康との関係は、四五歳のとき、楽観的な態度に関する評価が行われてほぼ二〇年後に最も強くあらわれた。当初、心身ともに健康であった者の中でのわずかな相違を考慮《こうりよ》に入れたとしても、そこに相関関係があることは明らかだった。

解釈の仕方と肉体的健康の関係についてはそのほかに、バージニア工科大学の一七二人の学生を対象に調査を行ったものもある。

結局この研究でも、楽観的な解釈の仕方をする学生は、悲観的な学生に比べて、その後の一ヵ月間に病気にかかる日数が少なく、また、その後の一年間に医者を受診する回数も少ないという結果が出た。

この研究の結果から、「解釈の仕方が免疫《めんえき》系を刺激することによって、健康に影響を与えることが推察できる」と同博士は述べている。

くどいようだが、心の状態が肉体に影響するという調査はそのほかにも山ほどある。日本企業が行っている定期健康診断というのを考えると、いかに心の問題が無視されているかということがわかる。ようするに診断するのは肉体的健康だけである。

パーソナリティーの問題から食餌療法・運動療法まで

日本人は口先は別にして、心の問題には比較的関心がない。

たとえば「はじめに」にも書いたように、アフガニスタンでもイラクでも、アメリカは最初に空軍の効果的な爆撃によって制空権《せいくうけん》をとってから地上部隊が入っていく。

日本の報道を見ていると、アメリカ空軍の技術力にばかり注目しているようである。

しかしアメリカ空軍のあの強さの背景にあるメンタルヘルス対策については、まったく注意が注《そそ》がれていない。

ある時期、アメリカ空軍の自殺率が下がる。それはメンタルヘルス対策を取り入れた時期である。

大学生が就職活動で会社の人事担当の人に面接される。疾病《しっぺい》が理由による休学や退学があると、「君、体のどこが悪いの?」と聞かれることがほとんどだと学生から聞いた。しかし、疾病による休学のほとんどは神経症などの心理的病《やまい》である。

メンタルヘルス対策に当たっては、心の問題の重要性をまず認識しなければならない。いまの日本は、口では「心の時代、心の時代」と言うが、現実にはほとんど心の問題に関心がないのではないか。

ケネス・R・ペレティア博士によると、アメリカのメンタルヘルス対策はすでに一〇年以上前から、心身一体で考えられている。

次の文章は、前出の"Mind/Body Medicine"という本の中に載せられている同博士の論文である。

「不明確な点がいくつもあるにもかかわらず、効果的で信頼できる心身一体の医療が大学や開業医、総合病院において、またアメリカ電信電話会社、ジョンソン・エンド・ジョンソン、IBM、ゼネラルモーターズといった大企業が行う健康増進プログラムの不可欠な一部として、広く利用され始めている」(Between Mind and Body : Stress, Emotions And Health)

つまりメンタルヘルスは、視野を広げるという考え方の訓練、パーソナリティーの問題をはじめ、食餌《しょくじ》療法や運動療法まで含めて心理的なことを考える必要があるということである。

成果主義と心理的病

成果《せいか》主義、成果主義と言われてから久しい。しかし、もともとアメリカと日本では働く社会的な土壌《どじょう》が違う。

北海道で咲くユリがきれいでも、土壌の違う九州では咲かない。

アメリカ人の場合には日本人に比べて能力の違いがあまりにも大きい。年功序列ではもともと会社の経営ができない。成果主義でなければ社会がうまく機能しない。

人種のるつぼと言われるアメリカのような異質な社会と、日本のようにきわめて同質的な社会では働く環境がまったく違う。

さらにビジネスパーソンが会社人間と言われているような社会で成果主義を取り入れるのと、広場があり家庭生活が重視される社会で成果主義を取り入れるのとは成果主義の意味がまったく違う。単純に成果主義を取り入れれば心理的病の増大は避けられない。

日本においては、何よりも成果主義とメンタルヘルス対策とは両輪でなければならない。メンタルヘルス対策抜きに成果主義を取り入れることは、ビジネスパーソンをはじめ多くの人を心理的病に追いこむだけである。

さらに日本には職場以外の市民の広場がない。欧米では三〇〇年をかけた民主主義的価値を身につけてきた歴史があり、その中で職場と広場ができている。

日本の民主主義はまだ一〇〇年である。日本には広場における自我の確立ができていないから、職場の意味が桁《けた》違いに大きい。

働く土壌の違いを無視して成果主義を取り入れたから、「勝ち組・負け組」という言葉が蔓延《まんえん》した。

いまの日本では人間関係が敵対的になっているから、「勝ち組・負け組」の考え方になる。

戦争していないのに、勝ち負けはない。

「はじめに」にも書いたように、日本よりはるかに競争社会で成果主義のアメリカに「勝ち組・負け組」という言葉はない。もちろんウイナーとかルーザーという言葉はあるが、それは日本語の「勝ち組・負け組」という言葉が内包《ないほう》する感覚とは違う。

英語にないのに、なぜ日本でこれだけこの言葉があふれるのか？　なぜ「勝ち組・負け組」とこれほどまでに言われるのか？

カレン・ホルナイが使っている言葉に、復讐《ふくしゅう》的勝利という言葉がある。

傷ついた人が、見返すために頑張《がんば》る。そのときに見返せる場合もあるし、見返せない場合もある。

小さいころお金がないことでバカにされた。その屈辱感《くつじょくかん》から見返してやろうと頑張る。そしてお金持ちになった。それが復讐的勝利である。

この復讐的勝利こそ「勝ち組・負け組」の勝ち組の心理ではないだろうか。

単に勝った、負けたということであれば、いま使われている「勝ち組・負け組」という言葉の意味にはならない。

地域からビルまでが「勝ち組・負け組」で分けられる。異常な世界である。

だから勝ち負けが日本よりはっきりしているアメリカに、いまの日本で使われているような意味の「勝ち組・負け組」という言葉がないのである。

「勝ち組・負け組」という言葉の裏には敵意や憎しみがある。

見返したいという気持ちで頑張るから、成果主義はうまくいかない。負けたほうは卑《いや》しめられたのである。

勝ったほうも負けたほうも楽しくない。

正確に言うと、いまの日本は競争の時代ではなく、神経症的競争の時代である。

格差社会という流行語についても「勝ち組・負け組」と同じである。

アメリカの格差は日本の格差の比ではない。それでも格差社会という意味の言葉はない。クラス・ディバイデッド（class divided）のように表現はできるだろうが、日本で言う格差社会という感覚を内包した意味ではない。

いまの日本では、格差があるとかないとか、競争があるのだから格差は当然だとか、ピントのはずれた議論が蔓延している。

もちろん格差そのものが問題でないと言っているのではない。より大きな問題は格差そのものではないと言っているのである。

格差以上に問題なのは、格差の解釈にあらわれている日本人の心理である。そしていまの日本が、この言葉の裏にある心理状態にあるということこそ真の問題なのである。

こうした心理に日本人を追いこんでしまったのは何か？

私が言いたいのは、成果主義がその大きな原因の一つではないかということである。

劣等感のある人は特権意識がある。寂しいところに特権意識が生まれる。

いまの日本で使われている意味の「格差社会」という言葉をつくるのは、こうした特権意識である。

それが経済的繁栄《はんえい》と心理的衰退《すいたい》である。

エリートで、お金があって、権力があってノイローゼの人は山ほどいる。経済的・社会的に勝ち組で、心理的に負け組である。

霞《かすみ》が関《せき》の官僚の死因の第二位は自殺である。

人々が自己実現していれば、これほど格差だの、勝ち組だの、負け組だのと問題にはならない。

エネルギーのある人が夢を追って勝ったのなら幸せであろう。まわりも祝福する気持ちになるだろう。

しかし残念ながら、復讐的勝利者は夢を追って勝ったのではない。だからみんなは勝った人を祝福する気持ちにならないのである。

自己実現している人は、「他人なら騒ぎが起きるようなことにもいらだたず、心を乱されずにいられる。彼らにとっては離れて身を静かに保ち、穏《おだ》やかでいることはたやすいことなのである。かくして、彼らは普通の人々のように個人的不運に激しく反応したりすることなしにそれを受け止めることができるようになる」（アブラハム・H・マズロー『人間性の心理学』小口忠彦監訳、産業能率大学出版部　一九七一年　二三八頁）。

十分なメンタルヘルス対策を怠《おこた》って成果主義を取り入れた結果、日本社会が神経症的社会になってしまったということである。この本のタイトルに従って言えば、格差病社会である。

私が格差病社会とか神経症的社会と言っているのは、現実的な利害の対立がないのに、お互いに心理的に敵対をしている社会である。

その心理的敵対の症状が「格差社会」とか「勝ち組・負け組」という言葉に表現される状況である。

どうでもいいことが大問題に

では、ここで少し神経症的競争とはどういう競争かということを考えてみよう。

カレン・ホルナイは、神経症的競争と正常な競争とは三つの点で異なっているという。

神経症的競争の特徴は三つあるとカレン・ホルナイは言う。

まず第一に、現実の利害が対立していないのに、対立する。ようするに張りあう。なぜそんな不必要なことをするのか？　それは神経症的競争をする者には憎しみがあるからである。

憎しみのない社会なら、利害が対立していないときは相手を誉《ほ》めるのが自然である。しかし憎しみがあれば、仲間を応援したほうが自分の得になっても、それができない。神経症者は小さいころから愛されたことがないから、心の底ではすべての人が憎らしい。誰でも彼でも蹴落《けお》とさなければ気がすまない。

とにかく対抗意識が強すぎる。現実に利害が対立しているわけでもなく、現実にはなんら対抗しているのではないのに、ものすごい対抗意識を持つ。

カレン・ホルナイは、神経症的競争をする者は競走馬にたとえられると言っている。誰がいちばん魅力的か、誰がいちばん頭がいいか、誰がいちばんもてるかなどなど、どうでもいいことがどうでもいいことにならない。

優《すぐ》れていたからといってどうということはないのに、他人より自分が優れているかどうかが大問題である。その人と一つの就職口を争うときには、相手が優れているかどうかは大問題である。しかし神経症的競争をする者は、一つの就職口を争っているわけではないのに、それが大問題になる。

そしてこの態度は必然的にものごとへの興味を失わせるとカレン・ホルナイは言う。

読売新聞（二〇〇一年一月二八日付）に、日本とオーストラリアの共同調査で小・中学生七五〇〇人の調査が出ている。日本は国立教育政策研究所、オーストラリアはフリーダス大学の調査である。

成績がよくても「競争意識」が過剰《かじよう》だったり、周囲から好成績を期待されたりしていると、強い攻撃的なストレスを持ちやすいという。

「理解度が高くても成績を気にする」子供はストレスが強い。問題は『競争意識』が過剰」かどうかである。

このような競争意識の過剰な子供が神経症的競争をしている子供である。

現実の競争が激しいかどうかが直接ストレスの強さになるわけではなく、競争意識が過剰か過剰でないかがストレスの強さに影響する。

競争意識が過剰になれば他人の成功が気になる、他人の結婚が気になる。他人の成功が自分の価値を下げると感じる。

そう感じるのは自分と他人を対立して考えるからである。まさに神経症的競争の第一の特徴である。

人がどこに旅行に行ったかが気になる、隣の芝生《しばふ》が気になる、隣の家の二階が気になる。なぜ、そんなに他人のことが気になるのか。その理由の一つは、ようするに自分の生活がないからである。自分に好きなことがない、自分の満足感がないからである。心理学的に言えば、自己蔑視《べつし》と自己不在である。

日本人は全員が競争相手ではないかと思うことがある。車に乗っていれば抜かれるのがイヤ。ファッションもそう、海外旅行もそう、グルメもそう。

本来、競争はゴールが大切。そのゴールに先につけばいい。

ところがいまの私たち日本人は「いま」を見せびらかす。先を見ない。夢がない。

神経症的競争の第一の特徴こそ、まさに嫉妬《しっと》の特徴ではなかろうか。人より優位に立ちたい、人が自分より優位にいることが気に入らない。ひとくちに言えば、神経症的競争の特徴とは嫉妬深い人の性格特徴でもある。

神経症的野心の持ち主

神経症的競争の第二の特徴は、神経症的野心《やしん》である。他人よりも多くの業績をあげようとするばかりではなく、自分の業績がユニークで例外的にすごいものでなければ気がすまない。そうした野心をカレン・ホルナイは正常な野心と区別して神経症的野心と言う。

自分が試験に受かっても他人が受かっては気に入らない。自分以外の人が同じ洋服を着ていると、自分の服装の価値が下がる。「あなただけが持っている」、これがうれしい。

自分の満足が他人との関係で決まる。

その野心に気づいているときもあるし、気づいていないときもある。

他人が自分より美しいか美しくないかという点だけが気になる。後のことはどうでもいい。

白雪姫の母のように、ただただ世界でいちばん美しくなりたいといった特定の一つのことに目的があることもあるし、そうでない場合もある。

極端な言い方をすると、絵を描けば自分はレンブラントで、本を書けばシェークスピアで、水泳ではオリンピックに出場しなければと願う。

現実は普通の女なのに、よき妻、有能な役員、やさしい母親であることを願う。スーパーウーマンを目指す。

こういう人は常に話題の中心にいたいのである。みんなに注目されていたい。そのように話題の中心にいなければ不安だということである。

隠された敵意

神経症的競争の第三の特徴は、隠された敵意である。

神経症的競争をする人は、人が得することが許せない。

お店を経営すれば、隣のお店が繁盛《はんじょう》するのがイヤ。自分の持っているお店が食堂で隣が雑貨屋でも、隣が繁盛するのがイヤ。

神経症的競争をする人は嫉妬深い。自分が幸せになろうと努力するのではなく、人が幸せになることを妨害するのにエネルギーを使う。

神経症的競争のエネルギーは、憎しみのエネルギーである。

自分以外の人が美しいことが気に入らない。それは、自分以外の人に対する敵意があるからである。

そして、これこそ嫉妬の性質。自分以外の人が注目を浴びると気に入らない。

神経症的競争が深刻になると、自分が勝つことよりも相手が負けることが大切になる。ようするに足の引っぱりあいを演じる。ルーズルーズゲームを演じる。

ちょうど、いまの日本で不幸を売り物にする週刊誌が買われるような心理状態である。スキャンダルに対する異常な関心があり、たえず他人のあら探しをし、すべての否定的意見に賛成する。

それは不満の異常な高さをあらわしている。批判精神という名の妬《ねた》み。人の不幸に心から同情できないばかりか、親しい人の不幸にさえ何かしらほっとした気持ちになる。

野心があるのに、自分に野心があることを認められない。しかし、他人の優位を認められない。自分が優位にいたいけれども優位になれない。そうなれば、他人の足を引っぱる以外に生きる方法はなくなる。

人が自分よりよくなることが不愉快である。隣に自分の家より立派な家が建ったことが不愉快である。

日本ではよく「競争は子供の心を傷つける」と言って競争することを取りやめにする。「競争はよくないこと」と言うときの「競争」は、この神経症的競争である。競争と言ったときに本来の意味での競争は意識されない。運動会で賞品を取りやめにするとか、試験の点をみんな合格にするとか、それが温かい人間的なことととされる。

もう異常としか言いようがないのが、みんなが手をつないでゴールしたという運動会である。

素直な子供は勝ち負けに納得する。

日本では議論の前提がおかしいことがよくある。

嫉妬深い人はものごとに関心があるのではなく、優越しているかしていないかにのみ関心がある。

カレン・ホルナイの言葉であるが、まさに ahead or not のみに関心がある。優越することが唯一《ゆいいつ》の喜びになる。

ものごとに関心がないということと、人より優位に立ちたいということが悪循環《あくじゅんかん》になっていく。

ミミズとウサギが対抗して生きる必要はない。

結果重視か、過程重視か

職場の不満にもいろいろなものがあるだろう。しかし、なんと言っても主なものは人間関係である。

社員のメンタルヘルスが悪いと言われるが、原因は仕事量より上司や同僚との不和である。そして、上司と部下との人間関係の不満の中身は成果主義にともなう成果の評価である。部下は上司の評価に納得できないことが多い。

最近はその評価が現実の給料に影響してくるから、その不満も深刻である。

理念としての成果主義を否定する人は少ない。しかし、現実にはなかなかうまく成果主義は機能しない。

それは、結果をあまりにも重んじているからである。公開性とか公平性とかばかりを言えば、出てくるのは数字である。

そこで無視されるのは過程である。

過程を無視して結果だけを評価の対象にすれば、一見公平性は保たれているかに見える。しかし、これは長期的には社員の「やる気」を失わせる。

結果がどのようであれ、頑張った人を認めるということがあって、日本人はやる気になる。やった努力を認めてあげる、これが日本人のやる気を引きだす大原則である。

これまで述べてきたことの趣旨《しゅし》は心を重視するということである。それは別の表現をすれば、目に見えないものを評価するということである。

目に見えないものを評価されたときに、人はやる気になる。結果重視の考え方は、ある短期間をとってみれば効率的に見えるが、長期的には効率のいいものではない。

成果主義のアメリカでさえ結果重視に対する反省を述べる人もいる。

私は何人かの人と共著の本を出版している。その中の一人にハーバード大学の心理学教授エレン・ランガーさんがいる。彼女は常に「結果よりも過程が大切だ」ということを説いている。ことに教育においては結果に重点を置くと子供から興味と関心を奪うという。

成果主義というのは、そのときそのときの短期の結果を重んじてしまう。

しかし大きな成果というのは、時に失敗の中で柔軟な発想から生まれることもある。

私は日本精神衛生学会の第一〇回大会の大会長をしたときにエレン・ランガーさんを日本に呼んで「柔軟性と教育」というテーマで講演をしてもらった。そのときの話である。

あるアメリカの企業が、接着剤を開発しようとした。多額の資本投下もして、開発を行った。ところが、この接着剤は接着しなかった。

「しかし、ポスト・イットは、こういった形で生まれたのです」

ポスト・イットの成功というのは、接着剤が接着しなかったというところから生まれた。

この接着しなかったときに失敗と思わないで「あれ？　こうして使えるかな？」という発想ができる人がものごとに興味と関心を持っている人である。

結果だけを求めていないで興味で動いている人のほうが、時に大きな成果を出す。成果主義の人には失敗があるが、興味で動いている人には失敗はない。

フロリダ州で、水滴を排除する水滴排除剤が開発された。穀物などの収穫をする前に、水滴が溜《た》まってしまうのを防ごうと開発されたものである。ところが、それをスプレーしたところ、水滴を除去するのではなく、凍結させてしまった。穀物は大損害を受けた。

しかし、この水滴排除剤というのは氷をつくることができるということで、ニューイングランドなどでスキーのゲレンデで、雪が足りないときの製雪機として使うことができた。

そもそも成果主義で行くと成功と失敗というのは対比される。そして人々は「成功しなければ、成功しなければ」と焦《あせ》る。

しかし、この成功か失敗かという二分法の考え方は興味で動いている人には通用しない。

職場ばかりではない。長い人生を考えれば、生き方においても、結果重視は決して効率的な生き方ではない。結果重視は長い人生では、いつか大きな挫折《ざせつ》の原因になる。

過程重視は能率が悪い生き方のようだが、長い人生では最後の勝利をもたらすものである。

「諸君が結果ばかりを考えて『かけ』をするようでは、人生のたたかいにおいてよいスポ

ーツマンとはなれない」(ベラン・ウルフ『どうしたら幸福になれるか・上』周郷博訳、岩波書店　一九六〇年　一八三頁)

そして、このような態度は「あらゆる人を敵にする。社会はこんな人をよく扱うはずがない」(前掲書　一八三頁)。

だからこそ○○ファンドなどというものに社会が好意的でないのであろう。彼ら「野心的な人間は、ほんとうの幸福に必要な助け合いの友情というものにはまるっきり時間を使わないものだ」(前掲書　一八二頁)。

成果主義の結果は、時に個人にとっては惨《みじ》めなことがある。成果主義で心理的にささくれだった会社を辞《や》めた後で、会社のことをどう思うだろうか。

定年後、会社の写真が見るのもイヤになる人がいる。

奥さんが、在職中の夫が上司と一緒にいる写真を見ながら、会社の話をした。

ご主人は「もう会社の話はやめてくれ」と言う。

もしこういう会話が行われるようでは、何のために働いてきたかわからない。

会社を辞めた後、振り返ってジワジワと思い出がよみがえってはじめて、その会社で働いた意味がある。

歪《ゆが》んだ成果主義は思い出を壊す。

それは努力に値しない。

歪んだ成果主義だと、会社を辞めた後、その人の心の中には何もなくなるかもしれない。

「勝ち組・負け組」などという言葉が氾濫《はんらん》する心理状態の社会の中で、人は頑張る。見返したいという心理から成果をあげる。

そうなればじっくりものを考えない。すぐに結果を出そうとする。

昔、駐在所《ちゆうざいしよ》の中には子供たちが遊びにくるところがあった。駐在所が子供の生活に密着していた。いわゆる「駐在所のお巡《まわ》りさん」がいた。

「駐在所のお巡りさん」は地域の生活の中にとけこんでいた。警察の役割のほかに、そこに人間性があった。

成果主義になったいまは役割だけ。権限と役割だけになれば、子供が警察に遊びにくるなどということは考えられない。

いまの日本の成果主義には魂《たましい》がない。

いまの日本社会では、能力はあるけれども心のない人が権力の座に着いている。

心の悩みの予防法

四〇年間にわたって心理的に病《や》み、悩んでいる人に直《じか》に接してきた私の経験から言うと、神経症にしろ、うつ病にしろ、いったん心理的に病んでしまったら、そう簡単に治《なお》るものではない。

よい抗うつ剤ができたからうつ病が治るというような単純なものではない。心理的病はカウンセリングですぐに治るなどという簡単なものではない。自助グループがあるから依存症がすぐ治るというような簡単なものではない。

何よりも予防が大切である。

たとえば、依存症でもうつ病でも、病になる前の発見が必要である。

しかし残念ながら、現段階で日本の企業は事前のチェックにあまり関心を示していない。うつ病になってから「頑張れ」と言っても逆効果だし、少しくらい休暇を取っても大きな効果がないし、「趣味でもしていたら」と言っても無理である。もともと彼らは趣味がない。

ビジネスでは、何が起きるかわからない。いつ心理的に追いこまれるかわからない。

何よりも事前チェックの体制を確立することである。そのようなサービスを提供している会社もあるが、企業のトップはほとんど関心を示さないようである。

事前チェックの一つの問題は、心理的病とか心理的健康に基準を設《もう》けることがむずかしいということがある。

しかし不明確であっても、事前に社員の心理的健康やストレス状態をチェックすることである。

さらにそれだけでは十分ではない。

事前チェックをしている会社でも、問題のある人に対して、なかなか心をすっきりさせるすべを教えない。

「そんな悩み、地球の外から見ればなんてことない」などと言っても、悩みは変わらない。

事前チェックで、この人は危《あぶ》ないとわかったら、心の中を整理するように指導をする。

社員がいつも心の中を整理する習慣を身につけるように指導する。視野を広げさせるトレーニングをすれば、それはできる。

たとえばの話、「あなたがいま、重いと感じることを書きましょう」でもいいし、「いま気になることは何ですか？」でもいい。

その答えが「あの靴《くつ》は痛い。傷んでいる」「あの植木が枯《か》れてきたことが気になる」「この鞄《かばん》、そろそろ捨てようか？」でいい。

そこに共通のものを見いだす。たとえばこの場合なら、「不必要なものを持ちすぎている」。

不必要なものを捨てることで、心はすっきりする。

共通なものが見つけられなくても、書くだけでいい。

前出のケネス・R・ペレティア博士の論文に次のような研究が紹介されている。

サザン・メソジスト大学の心理学者ジェイムズ・W・ペンベイカー等が、治療法に関する興味深い研究をした。四一人の大学職員を二つのグループに分け、四週間にわたって、週に一度、一方のグループには心の傷となった出来事について、もう一方のグループには一般的な話題について二〇分間で作文を書かせた。

その前後に、免疫に関係するいくつかの物質の数値がその他の二三の生化学的なマーカーとともに測定された。二つのグループの間で、免疫に関する測定値に差は出なかったが、自分の心の傷となる出来事について書いたグループで肝臓《かんぞう》機能の数値に改善が見られ、常習的欠勤が減少した。

おそらくその経験によって、心理的なぐさめが得られたのだろう。

私はあるメンタルヘルス・ケアの会社の社長と親しい。彼の話によると精神科医、臨床心理士などは病後のケア、二次、三次予防が得意分野であって、職場での一次予防や経営からのシステムアプローチが苦手だという。

それが得意なのは、医師でも数十人しかいないという。したがって企業内での心の病の発症はなかなか抑えられないという。

危機や混乱に直面したとき

メンタルヘルスは、トータルに考えなければいけない。企業と家族を考えなければならない。

家族や仲間がいなかったら、ビジネスパーソンは不況などですぐに心理的に動揺する。この種のテーマの著作を読んでいるとよく出てくるのが、コバサ（Suzanne Kobasa）の研究である。先のケネス・R・ペレティア博士の論文にも出てくる。

コバサはシカゴ大学で八年間にわたって、ビジネス・エグゼクティブの集団を対象に、会社経営にともなう通常の危機や混乱に直面したとき彼らがどう対処するかを調べた。そして、混乱を乗りきる間、最も健康であった人に一定の特徴的なパーソナリティーが見られることに気づいた。

その中の一つは、仕事、地域、家族など、本人が意味があると感じているものと深い関わりを持っているという点である。

経営者ではなく一般の労働についてはどうか？

労働のつらさは、事実としての労働の大変さとは関係していない。

「ああ、イヤだなあ」とか、「ああ、つらいなあ」とか、「ああ、なんでオレがこんな苦しいことをしなければならないんだ」とか、「ああ、この荷物は重くて運びにくいな、早くやめたいなあ」とかいろいろと労働のつらさはあるだろう。

事実として重い荷物を運んでいる人が、事実として軽い荷物を運んでいる人よりもつらく感じるわけではない。

アメリカの刑務所の労働の調査がある。

「個人が毎日しなければならない刑務所の仕事の労働は、苦痛の大きさと顕著《けんちょ》な相関を持っていないことが見いだされた」（クルト・レヴィン『社会的葛藤の解決』末長俊郎訳、東京創元社　一九五四年　一三九頁）という。

つまり、同じ労働をするから同じようにつらいわけではないということである。

その人が不満であるか不満でないかということを判断するときに問題になるのは、人々が自分の労働に納得しているか納得していないかである。

「大いに苦痛を訴える個人が刑務所の仕事のうちで最も分がわるい仕事や無報酬の仕事を引き受けていることもあれば、また羽振《はぶ》りがきき暇があるという意味で、むしろ分のいい仕事――刑務所新聞の編集者や看守代理人の使い――を引き受けていることもあった」（前掲書　一三九頁）

労働が大変だから苦痛を感じるというものではない。だとすれば、苦痛は何と相関をしているのか。

それは「過去または未来に関する要因」だという。たとえば判決が不当だと感じているようなときである。これと苦痛とは著《いちじる》しく相関関係があるという。

私は何を言いたいかというと、労働による所得格差ばかりが論じられているが、それは問題解決にはつながらないということである。論点の位置がずれてきている。

人々が格差に不満になるかどうかということにおいて、最も大切なのは労働の所得格差そのものではなく、その格差に人々が納得しているかどうかということである。

そしていま格差社会、格差社会と格差に不満なのは、格差そのものが問題なのではなく、その格差に人々が納得していないことが問題なのである。

納得していない格差だから不快になる。

まじめに働いている人の所得が少なくて、マネーゲームで大金を得る。その上に、それを規制緩和《きせいかんわ》の成果だと言われたら、怒るほうがまともな人である。

納得する人のほうが、心理的に問題を抱えているとしか私には思えない。

メディアの論調だとテレビや新聞の討論会では、構造改革だとか規制緩和だとかいうことの正当性を唱《とな》える人のほうが理にかなっているように聞こえてくる。

しかし、人々は釈然《しゃくぜん》としない。それは構造改革だとか規制緩和を正しいと主張する人々は、事実の話をしているからである。

人に影響を与えるのは事実ではない。事実に対する解釈である。

もし事実だけが問題なら、なんで経済的に恵まれ、家族に恵まれ、あらゆることに恵まれている人がうつ病になるのであろうか。

マネーゲームの勝利者に対して、「これは規制緩和の副作用みたいなもので、規制緩和の目的は決してこのようなことではない。この世の中には心の汚《けが》れた人もいる。この程度は許してくれ」と言えば、誠実に努力している人々の気持ちも違ってくるだろう。

「何をしてもプラスとマイナスはある。この世の中にはプラスだけというものはない。あの人々を見て規制緩和を評価しないでほしい、あの人々は規制緩和のマイナスの部分なのだ」と言えば、まじめに働いている人々の気持ちも違ってくるだろう。

しかし、いまは説明が逆である。

それは専業主婦でも同じである。

家に一万円しかない。

主婦が「一万円しかないわよ」と言う。「月はじめなのに、もう家には一万円しかないわよ、どうしよう」と言われたら家族は動揺する。

テレビや新聞を見れば、景気は回復したと言う。「なんでうちだけは」と不満になる。

しかしマネーゲームで大金を手にしている人よりも自分の主人がまじめに働いて得た一万円のほうが価値があると思い、その一万円に納得している主婦は「まだ一万円もあるわよ」と言う。

そして、その一万円で安い材料でおいしい料理をつくるのが素晴らしい主婦である。そこにはやさしさがある。

一万円に納得しているか、納得していないかが問題である。同じ一万円が家を暗くもするし、明るくもする。

国全体が劣等感、抑うつ感情、拝金《はいきん》主義という中で景気が回復するから、人々が格差、格差と、格差の部分を探してくる。

「人生には何よりもお金が大切だ」と考える日本の中学生、高校生は諸外国に比べて多い。アメリカ、中国、韓国、トルコについての「青少年の非行的態度に関する国際比較調査」を見ると、「人生には何よりもお金が大切だ」は、日本の中学生、高校生の四〇パーセントで一番。アメリカは一七パーセント（中里至正、松井洋編著『異質な日本の若者たち』ブレーン出版　一九九七年）。

このように、世界の中で最も拝金主義になっている社会の中での格差だから、格差が問題なのである。

問題の本質は、国全体を抑うつ感情、拝金主義にしてしまったことである。その原点を無視して議論をしても解決にはならない。

すると中には、「日本のビジネスパーソンはよく働いている、何が抑うつだ」と言う人がいるかもしれない。そういう人にカレン・ホルナイの言葉だけを書いておく。

ノイローゼの人は自分自身のためのエネルギーがない。

繰り返すが構造改革や規制緩和そのものが問題なのではなく、それが拝金主義という価値観の中で進められたことが問題なのである。拝金主義という価値観の中でその政策が格差を促進したから、格差社会、格差社会と騒いでいるのである。

ここまで「勝ち組・負け組」と騒ぐのも、私たちは自己実現して生きていないからである。

他人と自分を比較するのは抑うつの兆候《ちょうこう》であるとアメリカの心理学者ジョージ・ウェインバーグは述べている。

そういえば電車に乗ると憂うつな顔をしている人が多い。

不満なのは別にビジネスパーソンだけではない。少年も専業主婦も不満であろう。国全体が不満な中で構造改革や規制緩和をしても、不満の解消にはならない。逆に生じた格差から不満を増大させるだろう。

日本の中学生と米中の中学生との比較である（二〇〇二年一一月八日付読売新聞、日本青少年問題研究所と一ツ橋文芸教育振興会の調査についての記事から）。

「いまの自分に満足」ということに対して、アメリカ五三・五パーセント、中国二四・三パーセント、日本は九・四パーセントである。

満足が五三・五パーセントという土壌と、満足が九・四パーセントという土壌では、同じ政策が同じ影響を持つと考えるほうがおかしい。

「自分に起きたことは自分の責任」ということに対して、アメリカ五九・七パーセント、中国四六・九パーセント、日本二五・二パーセントである。

すべての問題の根源

家族が幸せではない。

幸せな家族なら人々の気持ちはこうはならない。

成績が悪くても、お母さんが受け入れてくれる。

そこで子供は幸せになれる。

家族が幸せでないから、格差社会と言いだした。

家族をはじめ人間関係が幸せでないということが、すべての問題の根源である。

会社の外での人間関係が幸せならば、会社で人間関係のトラブルがあっても癒《いや》される。

少子化も格差社会も老後の不安も、日本の問題の根源は、家族が幸せでないということである。

橋本内閣以来あれだけの少子化対策がことごとく成功しないのは、原因と結果を取り違えているからである。

企業戦士となったから家庭が犠牲にされたのではなく、家庭生活が楽しくないから人々は企業にのめりこんだのである。

高度成長の時代、家庭生活が楽しくなくて仕事に逃げたから、ビジネスパーソンはワーカホリックになったのである。ワーカホリックになったから家庭生活が犠牲になったのではない。

そして、家庭生活が楽しくないから女性の社会進出があり、それが子育ての問題になっている。

家庭生活が楽しければ、女性が社会進出をしようがしまいが、どちらでもいい。

日本社会を評価するのに、諸外国と比べて女性の社会進出の比率があるが、そうした外側の形にとらわれて判断をするから、数字と実感とが合わないのである。

重要なのは、なぜ社会進出するか、しないかというときの女性の心である。

メンタルヘルスとは心のことなのに、日本人はあまりにも心に関心がない。そこが日本におけるメンタルヘルス対策の最大の問題である。

日本には、仕事と家庭が結びついているという考え方がない。

家庭を犠牲にして仕事をするとか、仕事よりも家庭が大切とかいう発想である。

しかし、仕事と家庭は結びついている。

アメリカにはそれがあることはすでに説明した。

それを日本は学ばなければいけない。

家族は企業の下？

公的にはまじめさが大切である。しかし、私的にはやさしさが大切である。

日本はまだ公的なことが優先している。それは日本がまだ企業社会だからである。人々の意識の中で、家族をはじめ共同体が企業などの機能集団に対して劣位の位置にある。

そうした環境の中での成果主義だから、成果主義が人々の心を破壊したのである。

成果主義がいいとか悪いとかが問題ではなく、どのような状況の下での成果主義かが問題なのである。

超状況的に成果主義の議論をするから議論に実りが少ない。

明るいことがいいことだと言っても、お葬式で笑っては失礼だし、真剣な議論のときに笑ってもおかしい。

麻薬が悪いと言っても、手術のときには使う。

この時期のこの日本での成果主義がいいか悪いかが問題であり、構造改革が望ましいか望ましくないかが問題なのである。

アメリカは家族の絆《きずな》の崩壊《ほうかい》なしに経済成長をした。日本は家族の崩壊と経済成長が悪循環した。

地域も同じ。アメリカは移動社会と言われるが、日本よりも地域がしっかりしている。

そこに、個人としての根があった。

ところが、テレビ討論や新聞の議論はすべてアメリカが経済成長何パーセント、日本が何パーセントと、経済成長の数字ばかりである。

心の問題を無視した議論が、よくもここまで続くものだと感心してしまう。

心のケアの波及効果

この章の冒頭に「企業のトップがまず認識しなければならないことは、メンタルヘルス対策は社員の肉体的健康対策でもあるという点である」と書いた。

メンタルヘルス対策には、もう一つ重要な効果がある。それは膨大《ぼうだい》になった医療費の減少をもたらす可能性が高いことである。

もし経済成長が持続的に達成されたとしても、いまのままの状態ではストレスで多くの人々がノイローゼになる。

ますます心理的病が多くなり、結果として肉体的に病む人も増える。

これから述べるが、心理的にケアされている人のほうが肉体的な病気も治りやすいという報告がある。つまり心理的ケアは、医療費を減少させる効果もある。

うつ病傾向の人のほうが医療費が膨大にかかっているということは、アメリカの病院でわかっていることである。

心と体の関係で、心のケアが肉体的に意味があるということばかりではなく、医療費の削減にもつながる。逆に言えば、心理的病が進行すれば肉体的に病む人が増え、さらに医療費がかかる。

強引《ごういん》に財政出動して経済成長し税収が増えて国の財政再建に繋《つな》がると言うが、それは幻想。医療費を考えれば、そのように簡単にはいかないだろう。

二〇〇一年度の国民医療費＝三一兆三三三四億円、国民一人当たり＝二四万六〇〇〇円、過去最高。

それは、たとえばアルコールの税収があるけれども、アルコール依存症によるコストを考えれば、その税収は意味がないというのと同じである。

二〇〇三年七月三〇日付の読売新聞社説は、自殺大国日本と言っている。二〇〇二年、日本は一〇万人に対して二五人。アメリカ、オーストラリア、ドイツは一二人から一六人。イギリスは七人。

医学博士のジェームズ・J・ストレインが「医療の中での精神医学」という論文を書いている（"Mind/Body Medicine" 所収）。

「抑うつの治療が慢性病患者の病気の回復に役だつこともわかっている。最近、ピュージェット湾グループ保健組合保健研究センターの精神科医マイケル・フォン・コーフは医療サービスの利用率で上位一〇パーセントに含まれる二五〇人について調査した。

利用率が高いのは、彼らが心臓病や糖尿病といった重症の慢性病を患《わずら》っているせいである場合が多い。調査によると、患者の三分の二が重い抑うつの症状があるか、あるいは過去にその症状を経験していた。しかし抑うつの治療を受け、症状が改善すると、体の不調で寝込む平均日数が三五パーセント減少した。軽い抑うつのある患者では、寝込む日数が平均で七一パーセント減少した」

日本の心理的衰退をとめられるか

成果主義だ、競争原理だと騒いでいるいまの日本を見ていると、戦国最強の軍団を率《ひき》いながらも天下を取れなかった武田信玄《たけだしんげん》を思いだす。

天下統一を志し、各地に戦いながらも志ならずして死亡した。

なぜか？

彼は「風林火山」の軍旗を掲《かか》げて戦ったことで有名である。風林火山は孫子《そんし》の兵法の一節である。

しかし、孫子の兵法はもともと中国の華北・華中・華南から黄土《おうど》高原やモンゴル平原までの広大な平野で戦うときの兵法である。

風のごとく、林のごとく、火のごとく、山のごとくではなく、「雨のごとく」とか、「雪のごとく」とか、「霧のごとく」があってもいい。

しかし風林火山の次は「知りがたきこと陰のごとく」になってしまう。

敵の目をくらますこと霧のごとく。

策を図《はか》ること霧のごとく。

耐えること雪のごとく。

敵を攪乱《かくらん》すること雨のごとく。

たとえばこれらのことがあってもいい。

なぜないのか？

おそらく風も林も火も山もどこにでもある。風はどこにでもあるから「風のごとく」と言えば誰にでもわかる。「雪のごとく」と言ったらわからない兵士がいるかもしれない。

もちろん日本だって沖縄の人は雪を知らないといえば知らない。

いずれにしろ広大な地域に住む兵士全員がわかるのは風林火山だけだからではなかろうか。

だから孫子は風林火山と言ったのではないかと私は思っている。それほど広い中国なのである。

それなのにこの小さな島国で、しかも同質社会で農耕民族の日本で、そのまま孫子の兵法を用いることはもともと無理な話なのである。

しかも孫子の兵法はその広大な平野で弱者が強者と戦うときの兵法である。武田信玄の戦国最強軍団が戦うときに使う兵法ではない。

孫子の兵法は弱者が勝つための方法である。数が少ない人が勝つための方法である。敵がたくさんいる広大な平野では、兵士とエネルギーを消耗してはいけない。消耗しないで勝つ方法が必要である。

風林火山の思想は、考えを根づかせて矯《た》めておいて一気に戦いを挑《いど》むときの兵法である。織田信長が使うならいい。

孫子の兵法は、織田信長が今川義元《いまがわよしもと》の大群を桶狭間《おけはざま》の戦いで破ったときに使うに相応《ふさわ》しい兵法である。数において劣《おと》る織田信長は、決まったら一気に決着をつけなければならない。

武田信玄は逆に敵の風林火山の兵法を注意しなければならない立場にあったのである。

孫子の兵法に「敵の動きを知る方法」がある。

たとえば、敵が静まりかえっているときには気をつけろ。あまり近づかないほうがいい。あまりにも敵が動かないときには策があるから近づかないほうがよい。

武田信玄は、敵が「風林火山」の兵法を使うのを警戒すべき立場だった。

孫子の兵法は表裏でできている。

孫子の兵法を「一般的な戦いの方法」と受け取ってしまうと、使い方を間違える。

それは成果主義とか競争主義とか市場主義が地球上どこの地域でも使える一般的な経営の仕方と受け取ってしまうのが間違いであるのと同じである。

武田信玄はもともとすごいのだから、風林火山の戦い方はしないのが合理的なのである。一人で勝負のときには風林火山を使う。

中国の本をいい本と思っても、中国を知らなければ日本では役には立たない。中国を知らなければ、日本ではその本のどこを使っていいかわからない。

中国の特性や土壌を知らなければ、孫子の兵法はわからない。

アメリカの成果主義や市場主義や競争主義がいいといっても、アメリカを理解していなければ、どこを日本に取り入れていいかわからない。

アメリカの成果主義や競争主義に対して日本の企業経営者は、日本的経営によって「どう成果主義と戦うか」を考えるべきだったのではないか？

少なくとも成果主義を日本的経営のように練り直して取り入れなければいけない。

武田信玄は孫子の兵法で戦国最強軍団に適用できるところはどこかを考えれば、天下を取れたのではないか。その知恵と気力が武田信玄にはなかった。

武田信玄について書かれている本には、武田信玄は優《すぐ》れた政治家、戦略家として知られているとあるが、武田信玄の研究家ではない素人《しろうと》の私にはとうていそうは思えない。

いずれにしろ孫子の兵法にならった武田信玄は、戦国最強の軍隊を率いながらも天下を取れなかった。

世界で最も優秀な民族を抱えていても、いまのやり方では日本は衰退するかもしれない。少なくともいま現在すでに心理的に衰退していることは間違いない。

あとがき

経済が栄えて、心が滅《ほろ》びたいまの日本。

これでいいはずがないと思ってこの本を書いた。心が滅びれば、経済が栄えてもいつの日か国は滅びる。

フロムは『自由からの逃走』を書いた。自由、自由と言うが、実は自由は心理的に大変な重荷になる。自由になって幸せになれるためには、それなりの心理的成長を必要とする。そこで自由の心理的負担に耐えかねて人は自由から逃げた。そこにヒトラー政権が誕生した。

いま日本にあるのは「幸せから経済的繁栄《はんえい》への逃走」である。平和と繁栄、平和と繁栄と言いながら、実は平和と繁栄に背《そむ》く言動をしているのが、いわゆる経済的合理主義者たちであり、偽《にせ》平和主義者である。

日本のいまの経済的合理主義者は人々を心理的に奴隷にする。

自由が心理的成長を必要とするように、人を幸せにする経済も心理的成長を必要とする。

いまの日本には、経済的活性化よりも心理的活性化が大切なのである。

国際貢献《こうけん》をしたいなら、日本がある程度の心理的健康水準に達することが先決である。


少子化対策も財政赤字対策も、あるいは社会病理の原因の解釈も、何もかもが人間の心を無視した「対策と解釈」である。

だから橋本内閣以来のさまざまな少子化対策も効果がないし、社会病理はますます深刻化する。これほど効果がないとはっきりとわかってもまだ同じ発想で政策が続けられる。信じがたいことである。

もちろん少子化問題も、財政赤字も、何もかもが心の問題だけで解決するというのではない。しかし、そこを考慮《こうりょ》に入れないで、どのような対策を立てても本質的な問題解決にはならない。

いまの日本に必要なことは単純なこと、つまり人間には心があるということに気がつくことである。

人間は事実の中で生きているのではない。心理的事実の中で生きている。設計上安全な橋でも「危ない」と思えば、人は渡らないし、設計上危険な橋でも「安全」と思えば、人は渡る。

経済的効率と心理的豊かさは逆の概念である。人はなぜ、お金もエネルギーも必要な犬を飼《か》うのか。一円の得にもならない犬に生活を支配されるのか。

よく、いまの日本は私的なことが肥大化していると言うが、実は肥大化していない。たとえば、葬式などをキチンとしていない。

肥大化したのは経済的繁栄による欲望である。

このままの政策を続ければ、日本人は心理的に無国籍になる。

本文中にも書いたが、いまの日本はウサギがタヌキのしっぽをつけたようなものである。日本人はいま、日本人の土壌《どじょう》を失ってしまうような生き方をしている。この本で私は「原点を忘れるな」と言いたかった。

私たちは、お米を一粒ずつつくるようなコツコツとした仕事をする農耕民族の特徴を失った。しかし騎馬《きば》民族の強さがない。

アメリカ人は、イギリスからアメリカの大地に来て、「ここで頑張《がんば》らなければ」と思ったであろう。

いまの日本にはそれがない。

実はグローバリズムの波が押し寄せているいまこそ日本は、日本人として生きるべく頑張らなければならないときなのである。

アメリカ人が、イギリスからアメリカの大地に来て、「ここで頑張らなければ」と思ったように、いまの日本人は「ここで頑張らなければ」ならない。

それをすべて、グローバリズムというアメリカ主義に合わせて生き延びようとしている。そしてみんなが「自分がどう生きるか」ではなく、「人がどう思うか」に意識がいくようになってしまった。

これからの世界で生きるためには、人々が「自分がどう生きるか」という姿勢になっていなければならない。

「生きることを楽しむ能力」を身につけることが教育の目的であり、メンタルヘルスの目的でもある。

憂うつな顔をして生きている人の中には個人の責任の部分もあるが、いまの人間教育の落ち度でもある。

重要な問題は教育で生きる基礎を教えていないことである。生き方の責任を教えていない。したがって人々は長い時間的展望の中で自分の人生を考えて動いていない。「快の原理」で動いている。

そのとき得であればいいという生き方が、生きる喜びを奪った。

小学校では中学校入学しか考えていない。

成果《せいか》主義的教育はお金で買えない人間関係を教えていない。生きる土台を教育していない中で成果主義を取り入れるから、一方に「お金で勝負」のヒルズ族と他方にワーキング・プアーを生みだしてしまった。

小学校から英語を教えたりするのは、教育の目的を根本からはき違えている。人は、企業にとって有為《ゆうい》な人材になるために教育されるのではない。

日本語でコミュニケーションできないときに、小学生に英語を教えることでコミュニケーション能力をつけるなどというのは、ホンネかタテマエか知らないが、正気《しょうき》の沙汰《さた》ではない。

子供が「うざい」とか「うっそー」などと言っているときに英語を教える必要がどこに

あるのか。いまの子供は日本語で感情を表現できないし、意志を伝えられない。

大学生の答案を読んでほしい。大学生になって日本語ができないのである。

心ですべてのことが解決できるとは思わないが、心を無視して何ごとも解決しない。いまの日本は心を無視した政策が多すぎる。

それよりも経済的繁栄にさえ実は危険信号がともりだしているのではないか？

心理的なことではなく、日本の構造改革が経済的に進んで成功していれば、国際競争力は強まっているはずである。しかし世界の指導者が集まるダボス会議主催「世界経済フォーラム」（二〇〇五年九月二八日）は世界競争力ランキングを発表した。日本は以前の九位から一二位に下がった。

この本は大和書房の古屋信吾第二編集局長と、長いつきあいの猪俣久子さんにお世話になった。「格差病社会」という書名は古屋局長がつけたものである。南暁社長にはお励ましをいただいた。紙面を借りてみなさまに感謝をしたい。

加《か》藤《とう》諦《たい》三《ぞう》

著者略歴

一九三八年、東京都に生まれる。東京大学教養学部教養学科を卒業、同大学院社会学研究科修士課程を修了。早稲田大学教授。ハーバード大学ライシャワー研究所準研究員。ラジオ（ニッポン放送系列）のテレフォン人生相談のパーソナリティーを長年つとめている。
著書には『アメリカインディアンの教え』（扶桑社文庫）、『言いたいことが言えない人』（ＰＨＰ新書）、『自信と劣等感の心理学』『自信が持てなくなった時どう生きるか』（以上、大和書房）、『落ちこまない生き方　嫌われない生き方』（だいわ文庫）などがある。

格差病社会《かくさびょうしゃかい》——日本人《にほんじん》の心理《しんり》構造《こうぞう》

二〇〇六年九月三〇日　第一刷発行

著者　加藤諦三《かとうたいぞう》
発行者　南　暁
発行所　大和《だいわ》書房
東京都文京区関口一—三三—四　郵便番号一一二—〇〇一四
電話　〇三(三二〇三)四五一一
振替　〇〇一六〇—九—六四二二七

装幀　鈴木成一デザイン室
カバー写真　©TETSUYA TOYOSHIMA/A.collection/amana
本文印刷　慶昌堂印刷
カバー印刷　歩プロセス
製本　田中製本印刷

ISBN4-479-64034-7
乱丁本・落丁本はお取り替えします。
http://www.daiwashobo.co.jp